Rapport sur le développement de l'enseignement international du chinois

2019–2020

Rédacteur en chef : LIU Li

Vice-rédactrice en chef : CHEN Lixia

Préface

Les langues sont des outils importants pour les relations humaines, et les échanges linguistiques comme la coopération sont essentiels au progrès et au développement commun de la société. Basé sur une évaluation de l'enseignement international du chinois passé et à venir, ce rapport brosse et résume les éléments fondamentaux de son développement : l'état de la recherche, la mise en place d'une formation des enseignants, la création de matériel pédagogique, l'élaboration de tests de compétences en langue chinoise, ainsi que l'ouverture d'Instituts Confucius dans le monde. Dans un deuxième temps, il décrit le développement de l'enseignement international du chinois dans quelques régions emblématiques. Finalement, prenons l'enseignement et l'acquisition de la langue chinoise comme langue seconde, comme point central pour une discussion thématique en 2019–2020.

1. Rapport liminaire

Ce rapport sur l'enseignement international du chinois fait preuve de démontrer la confiance en soi et l'autocritique dans tous les aspects. La thématique est abordée de manière exhaustive et scientifique, le rapport reflète et évalue objectivement le développement de l'enseignement international du chinois. Il est factuel dans l'analyse des résultats, et il pose un regard positif sur les succès obtenus. Pour autant, il n'évite pas les contradictions, ni les problèmes rencontrés, et les efforts fournis pour y remédier sont clairement décrits. Le rapport est ainsi une référence importante, il démontre une dynamique propre de grande qualité, et permet une optimisation de l'enseignement international du chinois.

2. Intérêt du rapport

Le rapport se concentre sur les impulsions novatrices données à l'enseignement international du chinois en 2019–2020 : il décrit les nouveaux modèles créés, reflète les besoins réalistes de mise à niveau de l'enseignement international du chinois, et propose un compte rendu non seulement des accomplissements du passé mais aussi des orientations à venir.

La publication de ce rapport aidera à mieux comprendre l'état du développement de l'enseignement international du chinois en Chine et dans le monde, à en promouvoir la recherche et la pratique dans une nouvelle ère, à en connaître scientifiquement le processus spécifique, et à en évaluer les évolutions de manière objective. L'adoption d'un rapport annuel pour améliorer la recherche constitue une étape importante et indispensable au développement et aux réformes de l'enseignement international du chinois.

3. Caractéristiques du rapport

Le rapport se base sur des pratiques avérées, il recueille les connaissances de spécialistes de l'enseignement international du chinois du monde entier, et s'efforce de se faire l'écho des réalités suivantes :

3.1. Les tendances actuelles

Tout d'abord, le rapport s'efforce de décrire avec précision la situation générale et les développements en cours de l'enseignement international du chinois, il révèle les résultats objectifs des recherches sur le sujet. Au niveau macroscopique, il relève les problèmes saillants auxquels l'enseignement international du chinois est confronté et propose des suggestions et des recommandations pratiques pour les gérer.

3.2. La prise en compte des problèmes constatés

Le rapport répond activement aux diverses préoccupations des communautés nationales et internationales concernant l'enseignement international du chinois, et fournit des réponses et des références aux questions soulevées par les différents groupes de personnes engagées dans cette discipline. Le rapport se déploie sur plusieurs volets, et il donne un aperçu exhaustif des résultats de chaque domaine pour 2019 et 2020. Il propose ainsi une vue d'ensemble des développements et des principaux accomplissements de l'enseignement international du chinois, résultats qui sont par ailleurs accompagnés de brefs commentaires.

3.3. Faire les analyses scientifiques et porter les jugement

Le développement durable de l'enseignement international du chinois ne peut se faire sans le soutien des théories qui fondent la discipline. En plus d'en présenter les dernières évolutions, le rapport fournit également une analyse approfondie des questions relatives au corps enseignant, au matériel pédagogique et à la didactique de l'enseignement international du chinois. Le rapport décrit ainsi les pratiques et les innovations générées par l'enseignement international du chinois dans la nouvelle ère, il analyse les contextes et les défis qui y sont liés, cela tout en anticipant les tendances à venir dans le domaine.

Le rapport relève également que la discipline de l'enseignement international du chinois présente des caractéristiques particulières qu'on constate peu ailleurs, que ce soit en Chine ou dans le monde, en termes d'offres de services, ou même pour tout ce qui touche aux théories de la connaissance, qui demandent une attention particulière. Ces dernières années, l'enseignement international du chinois est peu à peu devenu plus mature, ce qui s'est traduit par un développement florissant de sa cause. Il reste évidemment de nombreuses questions théoriques et pratiques à résoudre dans le domaine.

3.4. Regrouper des ressources intellectuelles internationales

L'équipe qui a rédigé le rapport présente un large éventail d'origines, elle est constituée d'une part d'experts et universitaires chinois qui étudient et s'intéressent à l'enseignement international du chinois depuis longtemps, mais le groupe comprend aussi des universitaires et sinologues renommés d'autres pays. Le rapport est publié en chinois et traduit en anglais, français, espagnol, arabe et russe dans le but de poursuivre le dialogue avec la communauté éducative internationale.

Le *Rapport sur le développement de l’enseignement international du chinois 2019–2020* espère jouer un rôle actif dans la promotion de la coopération internationale et des échanges linguistiques et culturels, qui permettent aux civilisations de s’apprécier et d’apprendre les unes des autres tout en facilitant le développement durable et de haute qualité de l’enseignement international du chinois. En même temps et en parallèle au rapport et à ceux à venir, nous préparons la création d’une plateforme professionnelle et collaborative pour la recherche, l’innovation et la consolidation de la discipline. Une base de données est prévue, qui, de pair avec le rapport, permettra d’offrir à la discipline enseignement international du chinois des supports plus ouverts, plus inclusifs et standardisés.

Table des matières

Partie I Rapport général

Historique, statu quo et perspectives de l'enseignement international du chinois

Cet article décrit et analyse l'enseignement international du chinois dans l'espace et dans le temps selon une triple perspective : une approche transversale pour l'an 2019 et un axe longitudinal pour ce qui concerne l'évolution de son histoire passée, mais aussi à venir.

I. Historique

Les langues sont autant de ponts permettant de passer d'une culture à l'autre, et l'apprentissage d'une langue est le meilleur chemin pour se communiquer efficacement entre humains. Depuis la fondation de la République populaire de Chine il y a quelque 70 ans jusqu'à aujourd'hui, le sujet premier de l'enseignement international du chinois s'est toujours concentré, clairement et sans équivoque. En 1950, l'Université Tsinghua (清华大学, Qinghua Daxue) a créé un cours spécial de langue chinoise pour les étudiants d'Europe de l'Est venus se former à Pékin, sorte de prélude à l'enseignement international du chinois en République populaire de Chine. Cette classe spéciale est sans doute la première structure établie dans ce but en Chine nouvelle. Le cours était donné par le célèbre physicien Zhou Peiyuan (周培源) qui était aussi le prêvot de l'université à l'époque et le manuel utilisé était une version adaptée de *L'introduction à la langue chinoise* de Zhao Yuanren (赵元任, connu aussi sous le nom de Chao Yuen Ren). Ensuite, des cours du même type ont été organisés pour les étudiants en échange de l’Université de Pékin, de même que par les services des diverses institutions — le Bureau des étudiants étrangers de l’Institut des langues étrangères de Pékin (北京外国语学院外国留学生办公室), l’École préparatoire supérieure pour les étudiants étrangers (外国留学生高等预备学校), et l’Institut des langues de Pékin (北京语言学院) créé en 1964. En 1952, la Chine nouvelle envoie Zhu Dexi (朱德熙), le premier professeur à enseigner le chinois à l’étranger. Et en 1961, vingt-cinq nouveaux diplômés des départements de chinois de dix universités sont sélectionnés pour former la première promotion d’enseignants à partir à l’étranger. On peut dire que dans les années 1950 et 1960, l’enseignement international du chinois a pris son essor grâce à des enseignants et du matériel pédagogique soigneusement sélectionnés. On notera également que ces enseignants de chinois langue étrangère sont pratiquement tous devenus des experts en didactique des langues ou des linguistes de grande renommée.

Après la réforme et l’ouverture, l’enseignement international du chinois s’épanouit et des percées historiques sont réalisées, qui vont de la construction et de la professionnalisation de la discipline à la formation de spécialistes dans le domaine. Lü Bisong (吕必松) ouvre la voie en 1978 et propose que l’enseignement du chinois aux étrangers devienne une discipline en soi, établie dans les universités, et que des instituts de recherche spécialisés soient créés. En 1983, l’Association chinoise pour la recherche et l’enseignement du chinois langue étrangère voit le jour, une discipline appelée Enseignement du chinois langue étrangère est officiellement créée, et des étudiants de premier cycle sont recrutés la même année. Dès 1986, on peut s’inscrire pour un master, et en 1997, il devient possible de suivre un programme de doctorat en enseignement du chinois langue étrangère dans le cursus « Linguistique et linguistique appliquée ». Le Bureau national pour l’enseignement du chinois langue étrangère (Hanban) est créé en 1987 ; la même année, l’Association mondiale pour l’enseignement du chinois langue étrangère est fondée et tient sa première Assemblée générale ; et en juin 1990, la Commission nationale de l’éducation promulgue les mesures relatives à la « Qualification des enseignants de chinois langue étrangère ». Grâce à la persévérance de ses pionniers, la discipline de l’enseignement international du chinois s’est constamment améliorée, les meilleurs enseignants sont devenus de vrais professionnels ou bien des experts, et l'influence des recherches en la matière est en progression constante. En bref, la discipline s'est étoffée et systématisée. Porté par des enseignants au départ, l'enseignement international du chinois s'est consolidé, dans les années 1980 et 1990, grâce à la formation pédagogique des enseignants mais aussi grâce au développement de la didactique de la discipline.

Au début du XXIe siècle, alors que la puissance de la Chine ne cesse de croître et que sa prospérité économique catalyse la « fièvre de la langue chinoise » dans le monde, il devient difficile de répondre à la soudaine augmentation des étudiants étrangers désireux d'apprendre le chinois. Un manque d'instituts professionnels spécialisés en enseignement international du chinois se fait sentir en Chine et à l'internationale. C'est à cette fin que depuis 2004, sous la direction du Bureau national pour l'enseignement du chinois langue étrangère (Hanban), des Instituts Confucius ont été établis dans de nombreux pays. En décembre 2019, 550 Instituts Confucius et 1 172 Classes Confucius sont actifs dans 162 pays ou régions du monde. La Conférence mondiale sur le chinois, organisée en 2005, marque une transformation graduelle de la discipline 'chinois langue étrangère' en 'enseignement international du chinois'. En 2011, le Ministère de l'éducation publie le catalogue des disciplines de spécialisation permettant l'obtention d'un diplôme académique, dans lequel l'enseignement du chinois langue étrangère est officiellement rebaptisé 'enseignement international du chinois'. En parallèle, de nombreuses universités mettent en place, également sous ce nom, des programmes de master et des cursus pour les doctorants.

En 2019, la Conférence internationale sur l'enseignement du chinois a pour thème *Innovation et développement de l'enseignement international du chinois dans une nouvelle ère*, et propulse la discipline dans un nouvel âge. L'avenir de l'enseignement international du chinois se concentrera sur son intégration dans les communautés régionales et s'adaptera aux besoins locaux, grâce notamment au programme intitulé « chinois + compétences professionnelles ». Il est attendu que les critères d'évaluation s'améliorent, et une meilleure diversification des contenus scolaires se profile.

On constate que l'histoire du développement de l'enseignement international du chinois peut être divisée en quatre phases : une première étape, qui accompagne la fondation de la République populaire de Chine et court de 1950 à 1982, durant laquelle la cause de l'enseignement international du chinois apparaît sans toutefois être une discipline en soi. Une deuxième phase va de 1983 à 2004, la discipline se construit et devient peu à peu une branche académique complète intitulée *Enseignement du chinois langue étrangère* avec son propre apport de théories sur le sujet. Une troisième étape va de 2005 à 2018, c'est une période d'extension et d'exploration générée par les Instituts Confucius qui s'établissent dans le monde ; l'enseignement du chinois langue étrangère se transforme en enseignement international du chinois, et la branche académique fait un nouveau bond en avant. La quatrième phase, qui va de 2019 à aujourd'hui, s'inscrit dans une nouvelle période de transformation et de mise à niveau : face aux demandes nombreuses et diverses d'apprendre le chinois dans le monde, face aux multiples défis auxquels sont confrontés les Instituts Confucius, l'enseignement international du chinois verra sa qualité et son efficacité améliorées, la discipline s'adaptera activement à des situations inédites et à des changements, et explorera de nouveaux modèles de développement.

II. État actuel du développement

2019 a été une année extraordinaire pour l'enseignement international du chinois. La discipline est restée centrée sur sa mission, elle continue d'explorer activement la transformation et la mise à niveau dans la succession de l'héritage. Les réalisations remarquables ont été faites dans les domaines de la mise en place de système de formation des talents, des échanges et de la coopéraion, faisant promouvoir continuellement le développement et l'innovation de la discipline. Cette année-là, la conscience de construire ensemble une communauté de destin pour l'humanité est profondément enracinée au fond du coeur des gens. La construction de « la nouvelle route de soie » bat son plein, tout cela nécessite un grand nombre de personnes de compétences composées, qui savent parler chinois et maîtrisent en même temps l'une des technologies. La forte demande du marché a également incité l'enseignement international du chinois à explorer le modèle dit « chinois + profession », pour favoriser l'apprentissage de la langue chinoise et faciliter la communication. On commence à rechercher le nouveau modèle d'enseignement « le chinois +compétence professionnelle ».

1. Institutionnalisation de l'organisation

En 2019, le siège de l'enseignement international du chinois et des Instituts Confucius a continué à établir et améliorer l'organisation de l'enseignement international du chinois, essentiellement en :

(1) tenant une réunion à l'Académie des sciences à Pékin visant à recueillir des avis sur les mesures administratives à gérer pour les tests de langue chinoise, à laquelle ont participé, entre autres, 38 responsables de centres chinois ou étrangers reconnus ;

(2) approuvant le projet de recherche et de développement de la révision des *Standards pour les enseignants de chinois langue étrangère* et les certifications des compétences par niveau ;

(3) formulant, sur la base d'une vaste consultation, les *Normes pour la gestion des Instituts Confucius* et le *Système d'indices de qualité pour l'évaluation de la gestion des Instituts Confucius*.

2. Renforcement de l'organisation

En décembre 2019, il y avait 550 Instituts Confucius et 1 172 Classes Confucius dans des écoles primaires et secondaires dans 162 pays ou régions, dont 27 Instituts Confucius et 66 Classes Confucius nouvellement créées. Le nombre d'apprenants de chinois dans le monde a battu des records pour atteindre quelque 150 millions de personnes, et le « cercle des amis » de l'enseignement international du chinois n'a cessé de s'agrandir.

3. Création et formation d'équipes de spécialistes

Fin 2019, le siège des Instituts Confucius avait envoyé 3 633 enseignants dans 155 pays, dont 3 006 enseignants dans 416 Instituts Confucius et 66 Classes Confucius de 152 pays, et 627 enseignants dans des établissements supérieurs, secondaires et primaires hors de Chine et hors Instituts Confucius.

Le siège des Instituts Confucius a aidé 17 universités de 12 pays à établir une majeure en formation des enseignants de la langue chinoise. Au total, 6 930 enseignants ont été formés pour 7 pays d'Asie du Sud, parmi lesquels 74 enseignants se sont formés en Chine. 219 enseignants natifs du pays ont été recrutés dans 43 pays proches des « nouvelles routes de la soie ». 36 enseignants titularisés sont employés pour travailler à 35 Instituts Confucius dans 16 pays.

En 2019, un total de 6 012 étudiants diplômés étaient inscrits dans les 148 établissements autorisés à délivrer des diplômes en enseignement international du chinois. 59 doctorants étaient inscrits dans les 19 établissements d'enseignement supérieur autorisés à délivrer des doctorats dans la discipline. Au total, 1 269 étudiants ont été formés à l'enseignement international du chinois.

Toujours durant l'année 2019, plus de 14 000 personnes ont demandé à s'inscrire au programme de volontariat. 6 289 enseignants bénévoles ont été sélectionnés et envoyés dans 140 pays et régions pour enseigner le chinois.

4. Échanges académiques

En janvier 2019, un symposium intitulé *Structure et caractéristiques des systèmes de connaissances pour l'enseignement international du chinois* a été organisé sous l'égide du magazine *Chinese Teaching in the World* (*L'Enseignement du chinois dans le monde*). En mai, la *2e conférence sur l'enseignement numérique et la formation des enseignants en chinois langue internationale* s'est tenue à l'Université des langues étrangères de Pékin (BFSU). En juin, les Presses de l'Université des langues et cultures de Pékin (BLCU) ont organisé un colloque sur les *Méthodes et modèles de l'enseignement international du chinois à partir d'exemples*, et le bureau de rédaction de *Chinese Teaching in the World*, en collaboration avec l'Université de Qingdao, ont organisé une conférence intitulée *L'Enseignement international du chinois dans la nouvelle ère.* En juillet, une conférence internationale sur *l'Acquisition du chinois dans des contextes bilingues et multilingues*, soutenue par le nouveau Programme Confucius ngues et multilingues, soutenue par le nouveau Programme Confucius de sinologie, a eu lieu à l'Université de Cambridge, au Royaume-Uni. En août, l'Association mondiale pour l'enseignement du chinois langue étrangère a organisé un atelier de haut niveau sur la didactique et la recherche dans l'enseignement international du chinois. En septembre, « Le Département éditorial de l'enseignement et de la recherche » a organisé le *Forum frontier sur l'enseignement et recherche linguistique et en même temps la célébration du 40e Anniversaire de la fondation du «* Département éditorial de l'enseignement et de la recherche ». En octobre, l'Institut de recherche en enseignement international du chinois, avec d'autres unités de l'Université des langues et cultures de Pékin, ont mis sur pied le *16e Symposium international sur le chinois en tant que langue étrangère et le 4e Symposium international sur l'enseignement à distance et la diffusion du chinois langue étrangère.* En novembre, le Comité directeur national pour l'enseignement supérieur en enseignement international du chinois a organisé le *1er Forum national de haut niveau sur la formation d'étudiants en doctorat pour l'enseignement international du chinois.*

En décembre 2019, une Conférence internationale sur l'enseignement du chinois s'est tenue à Changsha, avec pour thème *Innovation et développement de l'enseignement international du chinois dans une nouvelle ère.* Plus de 1 000 représentants d'Instituts Confucius et d'établissements d'enseignement du chinois de plus de 160 pays et régions ont participé à cette conférence.

5. Coopération internationale

En novembre 2019, un total de 69 pays et régions dans le monde avaient intégré l'enseignement du chinois dans leur système éducatif national en promulguant des décrets, des arrêtés, des programmes et des plans d'études, dont l'Afrique du Sud, l'île

Maurice, la Tanzanie, le Cameroun, la Zambie entre autres pays africains. Certains pays d'Asie du Sud-Est comme la Thaïlande et la Malaisie ont implémenté, par le biais de politiques et de dispositions légales, un cursus complet d'enseignement du chinois à suivre dès l'école maternelle, à l'école obligatoire, dans la formation professionnelle, de même que dans la formation supérieure. Aux États-Unis, au Canada, au Japon, en Corée du Sud, en Australie, en Russie et dans d'autres pays, le chinois est une des langues étrangères à choix pour les examens d'entrée à l'université.

En 2019 toujours, le siège des Instituts Confucius a signé des accords de coopération avec l'Université d'État des langues et des sciences sociales Brusov à Erevan en Arménie (en juin) et l'Université d'Artois en France (en juillet) pour soutenir le développement de programmes de formation d'enseignants de chinois langue étrangère ; avec l'Université des langues étrangères de Pyongyang en Corée du Nord pour construire un centre de langue chinoise (en septembre) ; avec le Portugal (en avril) et les Émirats arabes unis (en juillet) sur l'intégration du chinois dans le système scolaire primaire et secondaire ; il a aidé la Belgique à préparer un programme pour l'enseignement du chinois (en novembre). D'autre part, l'Association mondiale pour l'enseignement du chinois langue étrangère a soutenu l'enregistrement officiel de l'Association des enseignants de chinois en Afrique du Sud (en février) et l'incorporation de l'Institut de recherche sur le chinois langue seconde aux États-Unis (en avril).

III. Perspectives de développement

Lors de la *Conférence internationale sur l'enseignement du chinois* de 2019, la Vice-première ministre Sun Chunlan (孙春兰) a mis en avant trois principes pour le développement de l'enseignement international du chinois : premièrement, se concentrer sur l'activité principale qu'est la langue, s'intégrer activement dans les communautés locales, intégrer des cours spéciaux adaptés aux besoins de coopération des deux parties dans l'enseignement de la langue, et promouvoir activement les programmes de langue chinoise en lien avec des compétences professionnelles ; deuxièmement, améliorer et promouvoir les standards d'évaluation, renforcer la qualité de l'enseignement, et développer des cursus et du matériel pédagogiques appropriés aux conditions locales ; et troisièmement, adhérer aux pratiques internationales de diffusion des langues, s'en tenir à un fonctionnement axé sur le marché, encourager la création de fondations privées d'utilité publique pour promouvoir les échanges internationaux entre universités, entreprises et autres organisations sociales, établir de larges liens avec les médias éducatifs, culturels et les groupes de réflexion nationaux de manière à diversifier au mieux le travail pédagogique.

Le Ministre de l'Éducation Chen Baosheng (陈宝生) a également proposé six nouvelles initiatives pour soutenir une évolution durable et de haute qualité de l'enseignement international du chinois. En premier lieu, il propose d'améliorer et de perfectionner les cycles unversitaires pour l'obtention des diplômes du premier cycle, de master et de doctorat, afin d'aider les universités chinoises à mettre en place de manière indépendante des doctorats spécialisés, et d'augmenter de manière significative les quotas pour les doctorants en enseignement international du chinois. En deuxième lieu, il conseille d'aider les universités chinoises à créer des instituts de formation des enseignants du chinois langue et culture internationales, et de coopérer avec les universités étrangères pour les encourager elles aussi à créer des facultés ou des cursus de formation en la matière, pour les étudiants universitaires mais aussi pour diverses formations spécialisées. En troisième lieu, il serait possible d'instituer des politiques visant à améliorer le traitement des enseignants et des enseignants volontaires envoyés par la Chine, et d'aider les Instituts Confucius des divers pays à sélectionner et à engager davantage de personnel local pour enseigner le chinois. Quatrièmement, il propose d'aider les experts chinois et internationaux à réaliser ensemble des projets pour du matériel pédagogique de haute qualité — matériel qui serait orienté pour une utilisation internationale mais aussi locale, de renforcer la création de ressources numériques, d'améliorer les contenus proposés en ligne par les Instituts Confucius et de collaborer à la gestion des plateformes mondiales d'apprentissage du chinois.

Cinquièmement, il propose de perfectionner les séries de standards rédigés pour l'enseignement international du chinois, d'améliorer la supervision de la qualité des évaluations, et d'établir une politique fiable quant aux résultats des tests de niveau (dits HSK) des jeunes gens qui viendront étudier en Chine. En sixième lieu, il conseille encore de continuer à soutenir et à encourager la participation active des diverses écoles, entreprises, organisations sociales et individus en Chine et dans le monde. En particulier, les universités chinoises et d'ailleurs devraient participer davantage à l'établissement d'Instituts Confucius, à la promotion de l'enseignement international du chinois par divers moyens, comme par exemple la création et la co-administration de fondations qui pourraient devenir des supports pour le développement de la discipline.

Si on pense à l'avenir, cependant, l'enseignement international du chinois a encore un long chemin devant lui. Le monde est en changement perpétuel, même si chacun se rend compte, de plus en plus, qu'il appartient à une même destinée humaine. « Les nouvelles routes de la soie » continueront de s'étendre, avec des défis à gérer et des opportunités à saisir. Il s'agit de continuer à observer la situation, d'intensifier les réformes, de progresser avec notre temps, d'innover, de manière à stabiliser le développement de la discipline de l'enseignement international du chinois sur le long terme.

Concernant la constitution de la discipline et la formation de spécialistes, on peut s'inspirer de « cinq systèmes » :

(1) L'enseignement international du chinois devrait être intégré dans les systèmes de formations supérieures (étudiants en premier cycle, en master et en doctorat), et explorer de nouveaux modèles de formation, avec une emphase sur la division du travail, des enseignements transversaux, et des cursus d'études qui fournissent un chemin ascendant approprié pour les étudiants de se spécialiser.

(2) Il faudrait se concentrer sur la création d'un système de formation d'un corps enseignant qui puisse s'adapter à divers niveaux d'éducation nationaux ou internationaux, et préparer les enseignants à œuvrer dans les universités, les hautes

écoles, comme gestionnaires et developpeurs de ressources dans les Instituts Confucius, ou encore comme spécialistes en didactique des langues ou dans le monde professionnel.

(3) Il faudrait prévoir la mise en place d'un système de formation duale qui intègre « discipline académique » et « didactique de la discipline » de l'enseignement international du chinois.

(4) Un système international permettant de former d'excellents enseignants et gestionnaires de l'enseignement international du chinois établis à l'étranger devrait être mis en place.

(5) Des standards d'évaluation pour les enseignants mais aussi pour les systèmes proposés devront être élaborés. Dans la formation des enseignants de chinois, il est bien sûr fondamental de bien instruire les enseignants, mais il est tout aussi important d'introduire des critères efficaces pour évaluer leurs compétences.

(Auteur : Liu Li 刘利, Université des langues et cultures de Pékin)

État de la recherche sur l'enseignement international du chinois

L'enseignement international du chinois est un champ très particulier du monde éducatif, et chaque étape de son développement est étroitement liée aux échanges culturels et intellectuels réciproques entre la Chine et le reste du monde. Et il montre aussi les caractéristiques de la construction propre à la discipline. La recherche scientifique en la matière montre des caractéristiques particulières, modernes, peu présentes dans les autres domaines de recherche, notamment pour tout ce qui touche à l'environnement international, aux prestations de service, ou même aux processus cognitifs. Ces dernières années, la construction de la discipline, la recherche académique et la professionnalisation de l'enseignement international du chinois ont connu des évolutions dynamiques, mais des problèmes, qui affectent sa croissance durable, doivent être résolus d'urgence.

I. Sujets d'intérêt soulevés ces dernières années

Si l'on résume la recherche dans le domaine de l'enseignement international du chinois de ces dernières années, les thèmes se concentrent sur les points suivants, dont certains font l'objet d'un consensus clair alors que d'autres restent controversés.

1. Relation entre discipline et profession

Du fait que l'enseignement international du chinois est à la fois un métier, une branche académique et une profession, la question de la relation entre la discipline et la profession est une question fondamentale à laquelle l'enseignement international du chinois a toujours été confrontée. On notera cependant que comme le « chinois langue étrangère » est né d'un besoin urgent d'enseignants avant que la discipline n'existe, la branche académique s'est construite sur d'indéniables succès déjà établis. De plus, à l'époque, comme les enseignants donnaient des cours de chinois langue seconde en Chine même, les questions des relations entre profession et branche disciplinaire n'étaient pas primordiales. Au début de ce siècle, cependant, lorsque le chinois langue étrangère devient l'enseignement international du chinois, sa cause connait un développement sans précédent dans le monde. Mais le métier et la branche académique ne se développent pas au même rythme, et il devient alors manifeste que la profession 'masque' la discipline. Le monde universitaire discute de cette question depuis quelques années, et appelle à accorder une importance égale à la recherche académique et à la formation professionnelle de l'enseignement international du chinois.

2. Nature et positionnement de la branche académique

La question de savoir si l'enseignement international du chinois fait partie de la discipline langue et littérature chinoises, de la didactique du chinois langue et culture seconde, ou encore si elle ne pourrait pas être considérée comme une branche interdisciplinaire émergente, fait l'objet de controverses depuis longtemps. Actuellement, le diplôme de 1er cycle (le bachelor) en enseignement international du chinois est obtenu en Lettres dans la discipline langue et littérature chinoises, tandis que le diplôme de 2e cycle (le master) est intégré dans le 1er cycle d'institutions actives dans la formation des enseignants, ce cadre déplacé a suscité de nombreuses discussions. Ce positionnement peu clair de la branche a un impact direct sur l'instauration des spécialisations, les curricula, et les objectifs d'enseignement et d'apprentissage. Actuellement, alors que le monde de la linguistique se préoccupe beaucoup de ces questions d'affiliation disciplinaire, les didacticiens ne semblent guère s'en soucier. Les contenus d'enseignement sont basés sur la langue, la linguistique et autres disciplines connexes, et les institutions pédagogiques n'offrent que quelques cours de formation supplémentaire. Il serait plus raisonnabale d'orienter la discipline de l'enseignement international du chinois vers la linguistique.

3. Fonction fondamentale de l'enseignement international du chinois

La langue est un vecteur indissociable de la culture, lafonction de l'enseignement des langues est directement liée à la langue et à la culture. Est-ce que la fonction fondamentale de l'enseignement international du chinois est basée sur l'enseignement des langues ou sur la promption et la diffusion de culture ? Il y a des avis différents au milieu universitaire.

Ces dernières années ont vu un retour aux fondamentaux de l'acquisition de la langue et de l'écriture, et des stratégies pédagogiques ciblées ont été développées pour les contenus complémentaires. Aujourd'hui, on réfléchit à de nouvelles propositions dans les domaines de la recherche sur l'enseignement international du chinois, à savoir, comment faire émerger les caractéristiques culturelles de la Chine, et comment apporter de nouvelles contributions à la communauté de destin humaine grâce à l'enseignement international du chinois. Il s'agiit d'un nouveau sujet dans le domaine de la recherche en enseignement international du chinois.

4. Organisation des savoirs de la discipline

Si nous considérons l'enseignement international du chinois comme une discipine distincte ou comme un nouveau type de discipline interdisciplinaire. La tâche de priorité consiste à construire le système des connaissances du sujet. Le miliieu universitaire prend conscience que le système de matières de l'enseignement internatonal du chinois se compose d'au moins 3 parties : Premièrement c'est la théorie sous-jacente qui soutient la discipline de l'enseignemant international du chinois, c'est à dire que les disciplines fondamentales comme la linguistique, la pédagogie, la psychologie etc. La deuxième partie consiste à un système théorique de base de la discipline de l'enseignement international du chinois. Telle que les connaissance de la linguistique de la langue chinoise, connaissances socioculturelles, théorie de l'acquisition du chinois langue seconde et théorie de l'enseignement aniasi que les méthodes de recharche fondamentale dans des disciplines connexes. Troisième partie on doit citer la recherche appliquée sur la construction de la discipline, on se sert de la théorie de la discipline pour effectuer les recherches spéciales dans les domaines de la conception générale, de la gestion de l'enseignement, de la formation des enseignats, de la prépation du matériel pédagogique, de l'enseignement en classe, de l'évaluation des tests, et du renforcement des ressources. On doit noter aussi l'utilisation et recherche de la technologies et de la compétences éducatives. La recherche appliquée elle-même a égalemet sa propre théorie de base. Comment construire et répondre aux besoins de la construction et du développement de la discipline dans la nouvelle ère ? Comment mettre en évidence les caractéristiques et les lois de la discipline du système disciplinaire de l'enseignement international du chinois ? C'est un enjeu majeur dans la construction de la discipline.

5. Enseignants, matériel et méthodes pédagogiques

Trois secteurs de l'enseigment international du chinois ont reçu toujours une large attention. (三教 *sanjiao*) lorsqu'on en parle les enseignants (教师 *jiaoshi*), le matériel pédagogique (教材 *jiaocai*) et la méthodologie (教法/教学法 *jiaofa / jiaoxuefa*). En raison des lieux où on met en oeuvre de l'enseignement international du chinois sont principalement à l'étranger, de plus, il y a une tendance à généraliser et l'âge des apprenants du chinois devient de plus en plus jeune. En conséquence ces trois secteurs pédagogiques sont devenus plus complexes et diversifiés. En particulier, les problèmes de localisation, de nationalisation, de différences entre les langues et entre les races se reflètent dans ces trois secteurs. Les conditions du corps des professeurs et la recheche sur la formation, la recherche et la rédaction des matériaux pédagoogiques différenciés. Ainsi que la stratégie pour un enseignement basé sur des matériaux pédagogiques et pour un enseignement individualisé de apprenants.

6. Enseigner le chinois aux Chinois d'outre-mer

L'enseignement international du chinois s'adresse à un public non sinophone, mais aussi à des Chinois d'outre-mer et à leurs enfants, ayant pris la nationalité des pays de résidence ou non, et vivant parfois hors de Chine depuis longtemps. Par conséquent, l'enseignement du chinois pour les Chinois d'outre-mère fait une partie importante et unique de la stratégie de l'ensegnement international du chinois. Tenant compte de la complexitédes des contextes linguistiques et culturels, l'enseignement du chinois pour les Chinois d'outre-mère est non seulement unique et particulier, mais aussi très riche au niveau intrinsèque. Le système de connaissance existe en général des points communs, et bien sûr il y a également des différences significatives. La recherche spéciale au sujet de la conception du programme de l'enseignement, de l'installation du cursus, de la rédaction du matériel pédagogique, de l'application de l'enseignement en classe, de l'évoluation par le test, de la formation des professeurs ainsi que des caractéristiques de l'acquisition de la langue chinoise, est devenue un sujet qui intéresse tout le monde.

7. Établissement et développement des Instituts Confucius

Jusqu'en 2019, l'établissement des Instituts Confucius, on est passé d'une phase d'expansion généralisée à une évolution interne du réseau. Dans un monde globalisé qui change, les Instituts Confucius doivent continuer à examiner plus avant les stratégies politiques de la Chine, le système de gestion, les dispositifs de fonctionnement, les concepts d'expansion, l'écologie du développement, mais aussi les équipes enseignantes, les curricula, les ressources pédagogiques, les modes d'enseignement etc.

8. Développement de l'enseignement sur Internet, création de plateformes et de ressources

Avec le développement des technologies de l'information et de la communication, les milieux dans lesquels ont lieu l'enseignement international du chinois ont radicalement changés, et toutes sortes de modèles d'enseignement prennent peu à peu forme dans le cloud. De multiples plateformes d'enseignement et de bases de données ont été créées ces dernières années, et de nombreuses recherches se font déjà sur ces données. Il peut s'agir de plateformes qui diffusent en ligne, de MOOC, de cours et de corpus digitalisés, de documents, de manuels, d'études de cas, de didacticiels et autres supports pédagogiques, mais aussi par exemple de compilations de mémoires de recherche. Dans ces compilations, les études linguistiques et les recherches sur les acquisitions langagières basées sur des corpus digitaux sont relativement abondantes.

II. Problèmes urgents à résoudre

De part sa mission originelle et la réalité de son développement, il reste aujourd'hui un certain nombre de problèmes à résoudre dans l'enseignement international du chinois, tant du point de vue de l'évolution de la profession que de la pérennisation des fondements de la discipline. Sont brièvement présentés ci-après quelques uns des aspects importants à considérer dans l'enseignement international du chinois pour l'établissement et le développement de la branche académique.

1. Les relations entre enseignement et recherche ne sont pas clairs

La discipline de l'enseignement international du chinois est de nature duale, à la fois formatrice d'enseignants professionnels et branche de recherche académique, et il est normal qu'il y ait un chevauchement entre les deux. Mais si dans la durée il apparaît que la formation des enseignants prend le pas sur la construction de la discipline, jusqu'à l'éclipser, il n'est pas étonnant que l'étayage théorique des connaissances se trouve négligé ou limité, notamment en termes de conception globale, d'allocations de ressources, de constitution d'équipes, de recherche fondamentale et de mises en œuvre des résultats académiques.

2. Le positionnement de la discipline et la conscience de la connotation ne sont pas assez claires

C'est un problème de longue date. Depuis le début de l'enseignement du chinois comme langue étrangère jusqu'à aujourd'hui, il est devenu l'enseignement international du chinois, il y a toujours beaucoup de débats. Certains considèrent que c'est une discipline subordonnnée de la linguistique (faisant partie de la linguistique appliquée). Certains disent qu'il s'agit d'une discipline subordonnée de la pédagogie, Certains d'autres croient que c'est une discipline interdisciplinaire de linguistique et de pédagogie. Certains soutiennent qu'il s'agit d'un nouveau type de discipline interdisciplinaire indépendante. D'autres encore pense que c'est plutôt une discipline liée étroitement aux études de communication, car sa tâche principale consiste à diffuser la culture chinoise. La base de théorie adoptée est différente, la perception est aussi différente. Par conséquent, l'orientation du développement de la discipline reste non claire, c'est pourquoi qu'il y a souvent des cas de balancement.

3. Le systhème de connaissances disciplinaires n'est pas assez complet

Comme le positionnement de la discipline n'est pas encore clair, il est difficile d'avoir le consensus pour la construction du système de connaissances de la discipline de l'enseignement international du chinois. A l'heure actuelle, c'est généralement clair que la linguistique, la pédagogie et la psycologie sont les théories de base qui soutiennent la discipline. Mais on ne sait pas encore clairement quelle est la relation entre la linguistique et la pédagogie au niveau du système de connaissances de base. Il faut avouer que les milieux universitaires n'accordent pas une attention particulière à la rechecher et au développement de l'enseignment international du chinois. L'impulsion principale pour lenseignement international du chinois vient principalement de la communauté linguistique. Pourtant on voit qu'une attention insuffisante a été accordée à la question de principes pédagogiques dans l'enseignement international du chinois par la communauté linguistique. A part la discipline de base, on n'a pas mis l'accent sur la recherche du système de théorie fondamantal, du système de recherche appliquée de l'enseignement international du chinois.

4. Le manque de la conception générale et la conception du niveau supérieur

Depuis le 21ème siècle, par rapport à l'étape de construction de l'enseignement du chinois comme langue étrangère, la conception globale au niveau de la discipline se trouve essentiellement dans une phase de travailler librement et sans contrôle à bien des égards, la chemin de conception de la discipline par la direction de haut niveau basée sur la hauteur stratégique n'est pas non plus assez claire. Surtout dans la nouvelle ère, avec le développement de la cause de l'Institut Confucius, avec l'approfondessement de l'enseignement du chinois pour les Chinois d'outre-mer, avec l'émergence du phénomène des objets d'enseignement et l'émergence du jeune âge, avec l'augmentation des tâches d'enseignement du chinois non commun, et avec la promotion de l'enseignement préparatoire, il est plus nécessaire de replanifier tous les aspects et les liens impliqués à partir du niveau supérieur et d'élaborer un plan à long terme. En particulier, il convient de noter que le manque de la conception générale et le mangue de la conception du niveau supérieur sont également liés à l'absence d'orientation académique de la part des sociétés concernées. Ce genre d'absence attarde le développement la disciplie de l'enseignement international du chinois. Il faut donc que le milieu universitaire et les gens de gestion de repensent et positionnent les fonction des sociétés concernées.

5. Approfondissement insuffisant des recherches théoriques de base

L'enseignement international du chinois est une discipline qui ne s'est pas développée depuis longtems et il esiste encore de grandes différences dans la compréhension de toutes les parties, il faut mener les recherches sur les théories sous-jacentes de manière exhaustive et approfondie. En raison du développement rapide en cours en Chine et à l'internationale, nous ne devons que bien mener les recherches théoriques fondamentales de tous les aspects, telles que la recherche théorique, la recherche appliquée, et la pratique d'enseignemen, afin d'améliorer la scientificité, l'exhaustivité, la prévisibilié anisi que l'adaptabilité de construction disciplinaire.

Notamment, la construcion théorique fondamentale de l'Institut Confucius et de la classe Confucius reste encore dans une étape relativement vierge. Il est urgent de mener des recherches systématiques et à long terme sur ce sujet en tant que sujet majeur afin de réaliser son développement durable.

6. Le mécanisme d'innvation pour la formation des gens talents multi-niveaux de haute spécification

Comme l'enseignement international du chinois possède le double attributs de la dicisipline académique, et de la carrière, il est donc nécessaire de cultiver à la fois les talents axés sur la recherche et les talents pour l'enseignement. Il est nécessaire aussi de cultiver un personnel de gestion axé sur la carrière, il est égalemetn nécessaire de cultiver des talents composés présentant les deux caractéristiques. A l'heure actuelle, l'innovation des mécanismes de formation de talents à tous les niveau est insuffisante. Le phénomène de l'apprentissage urgent pour une utilisation d'urgence se produit couramment. La formation de enseignants n'est pas suffisamment ciblée, et planification globale 'est pas soliide. En termes de formation du personnel de haut niveau, en plus d'attacher de l'importance à la culture des talents académiques pour les étudiants à la maîtrise et au doctorat, d'autres sont inadéquates. Surtout sur la formation des enseignants et les gens de gestion localisés à l'étranger ainsi que sur la construction de l'équipe, une conception de haut niveau et une planification globale sont nécessaire au niveau national.

(Auteur : SHI Chunhong 施春宏, Université des langues et cultures de Pékin)

Partie II Rapport détaillé

Formation des enseignants de chinois

En juillet 1950, peu de temps après la fondation de la République populaire de Chine, l'Université de Tsinghua accueillait des étudiants étrangers et ouvrait, début 1951, des cours de langue intitulés *Cours de chinois pour les étudiants en échange d'Europe de l'Est*. Six enseignants étaient chargés de faire découvrir le chinois à cette classe de trente-trois apprenants. Depuis 1961 à 1964, le Département de l'éducation supérieure du Ministère de l'Éducation chinois sélectionnait un groupe d'enseignants de réserve qui seront envoyés à l'étranger, un événement qui marque le début de la formation des enseignants de chinois. En été 1965, l'Institut des langues de Pékin (北京语言学院, devenue aujourd'hui l'Université des langues et cultures de Pékin) met sur pied le premier cours de formation pour des enseignants appelés à instruire des étudiants internationaux. L'Institut des langues de Pékin créera ensuite en 1978 un diplôme universitaire de premier cycle intitulé *Spécialisation en langue chinoise moderne*, un cursus de quatre ans qui forme des experts en la matière. Immédiatement après, durant les années 1980 et 1990, sont ouverts des programmes de baccalauréat académique, de master et de doctorat en chinois langue étrangère spécifiquement destinés à former des enseignants de chinois langue seconde.

I. Formation de spécialistes

Former un corps d'enseignants de chinois matures et expérimentés demande de la persévérance, une présence soutenue aux cours de spécialisation, une autonomie dans l'acquisition de compétences hors cursus formel, diverses pratiques d'activités pédagogiques, une réflexion régulière sur comment corriger les erreurs, sans oublier l'apprentissage et la maîtrise d'une éthique professionnelle adéquate.

Pour répondre aux besoins croissants d'enseignants de chinois dans le monde, la Chine promeut vigoureusement le développement de la discipline de l'enseignement international du chinois et améliore constamment son système de formation de spécialistes de cette branche. À l'heure actuelle, la formation des enseignants en enseignement international du chinois comprend principaement deux niveaux : les étudiants de master et les doctorants, couvrant les 4 types dont master en recherche académique, doctorat en recherche académique, master en pédagogie professionnelle, doctorat en pédagogie professionnelle. Selon les statistiques, en 2019, la Chine comptait plus de cent institutions qui se chargeaient de la formation de personnel enseignant liée à l'enseignement international du chinois, ceci dans trente provinces, régions autonomes et municipalités, à l'exception de la province du Qinghai et de la région autonome du Tibet (Hongkong, Macao et Taïwan ne sont pas comptés).

1. Le master en recherche académique

Des programmes de master en recherche académique sur l'enseignement du chinois langue étrangère mis en place dès les années 1990 qui marqent le prélude qui permettra de former des talents de haut niveau dans le domaine. Il faut trois ans d'études pour obtenir le diplôme de ce master.

En 2019, 82 établissements avaient recruté des étudiants en master de recherche en linguistique et langues appliquées (avec option filière enseignement du chinois langue étrangère), mais depuis 2006 on peut s'inscrire au cours de master en pédagogie professionnelle, dans la discipline de l'enseignement international du chinois, le nombre d'étudiants inscrits à ce diplôme s'accroît de plus en plus. A l'heure actuelle, l'inscription des masters en recherche académique dans la plupart des universités est beaucoup plus faible.

2. Le doctorat en recherche académique

En 1997, la Commission des diplômes académiques du Conseil d'Etat (国务院学位委员会) a approuvé la création d'un point d'autorisation pour délivrer le diplôme de doctorat en liguistique et en liguistique appliquée (N° 050102), et on se met à recruter les premiers étudiants. En 2015, l'Université des langues et cultures de Pékin (BLCU) créait un programme de doctorat de deuxième niveau en enseignement international du chinois, qui est le premier programme de doctorat en Chine à porter le nom 'enseignement international du chinois' (汉语国际教育, cette dénomination remplace le terme 对外汉语教学 'enseignement du chinois comme langue étrangère'). La durée de formation de ce doctorat en recherche académique est de trois à quatre ans.

En 2019, On constate que les 59 établissements universitaires avaient recruté 79 étudiants en doctorat dans la section de recheche académique liée à l'enseignement international du chinois.

3. Le master en pédagogie professionnelle

Pour répondre à la demande mondiale croissante des enseignants de chinois, le Master en enseignement international du chinois (dont le nom a été fixé quelques années après) on a commencé le recrutement en 2006 à titre expérimental. En 2007, la discipline en enseignement international du chinois est officiellement citée dans le répertoire d'admission des étudiants en master. A partir de 2008, les universités de tout le pays commencent à s'inscrire. La durée des études est généralemnt de 2 à 3 ans. Mais au début les univesités préfèrent plutôt la durée de 2 ans. Ces dernières années le nombre d'unités de formation mettant en euvre le système de 3 ans a progressivement augmenté. Jusqu'à 2018, il y avait 148 unités de formation pour le diplôme de master en pédagogie professionnelle qui ont réussi à former environ 48 000 personnes au cours de la dernière décennie.

En 2019, on comptait 6 520 étudiants en master en pédagogie professionnelle dans les 148 universités de la Chine, dont 5 209 étudiants chinois et 1 311 étudiants étrangers. Selon les statistiques, jusqu'à la fin de l'an 2019, au total, 55 000 masters en pédagogie professeionnelle ont été formés dans tout le pays de la Chine. Parmi eux, il y avait environ 43 000 étudiants chinois et 12 000 étudiants étrangers. A l'heure actuelle, le master en pédagogie professionnelle est devenu le plus grans type d'enseignants chinois et le nombre des professeurs qui travaillent à l'étrangers est le plus nombreux dans le système de formation des talennts pour l'enseignement international du chinois. Ce type de formation des talents important et mérite l'attention du public. Caque année ;plusieurs forums professionnel en Chine sont consacrés aux enjeux liés à ce type de formation. Selon les enquêtse menées, à part des cours professionnels et obligatoires, tels que « Enseignement du chinois langue seconde », « Introduction générale aux acquis du chinois langue seconde », « Introduction à la culture chinoise », « Culture et communication interculturelle », « Organisation et gestion de classe », on propose aussi de quantité de cours optionnels sur la culture, la didactique des langues, la pédagogie,certain nombre d'universités pour la formation des professeurs propose un an de stage de l'enseignement à l'étranger constitue la caractéristique et le point culminant de ce travail de formation des talents.

4. Doctorat en pédagogie professionnelle

Afin d'élever le niveau de formation des professeurs en enseignement international du chinois, le Ministère de l'Éducation a lancé un projet pilote en 2018, projet pour lequel douze établissements ont été autorisé à délivrer des diplômes de doctorat de la discipline. Le projet a pour but de former des talents composés de haut niveau et de diffuser la culture chinoise dans le monde. Cette même année, 22 doctorants s'étaient inscrits dans les 7 établissements de Chine. Ce genre de dipôme de doctorat se prépare toujours en cours d'emploi. La durée d'études est généralement de 4 à 6 ans.

Selon les statistiques, en 2019, on a recruté 59 étudiants pour préparer le diplôme de doctorat en pédagogie professeionnelle, de l'enseignement international du chinois au sein des 19 universités du pays. Lorsqu'à la fin de l'année 2019, on comptait au total 81 étudiants préparant ce diplôme de doctorat dans les 19 universités de Chine.

En l'an 2019, il y avait au total, 7 000 étudiants en doctorat ou en master de 4 types qui ont inscrit dans les 148 universités à travers le pays.

En résumé, l'état de développement de la formation des talents d'enseignement international du chinois présente les caractéristiques suivantes : premièrement le système de formation des enseignants très complet, a réalisé le mécanisme de formation intégré allant du bachelor du cycle 1 au master du cycle 2 puis au doctorat du cycle 3, proposant des formations à la fois en recherche de la discipline et en pédagogie chez les masters et doctorats. Afin de répondre aux besoins de l'enseignement international du chinois et afin de pallier la pénurie d'enseignats, ce mécanisme de formation constitue une garantie solie, réservant ainsi les talents de recherche au développement de la discipline sur l'enseignement international du chinois. Deuxièmement, la formation des master en pédagogie professionnelle offre une garantie importante pour le besoin des ensigants sur le plan d'ensignement international du chinoi. Après des années d'efforts et de développement, le manque d'enseignants de chinois dans le monde a été en grande partie allégé.

En 2019, la Chine a également soutenu 17 universités dans 12 pays pour mettre en place une majeure en formation des enseinants natifs.

II. Formation des enseignants

Afin de répondre aux besoins des pays qui cherchent à approfondir les compétences des enseignants de la langue chinoise en poste dans le monde. La Chine forme des enseignants locaux dans le monde entier et des enseignants de la Chine de la langue chinoise de diverses manières.

1. La formation des enseignants de chinois

(1) La formation initiale des enseignants chinois. Avant être envoyés par le gouvernement chinois.

Selon les statitstique, Un total de 925 nouveaux enseignants de chinois ont été formés pour travailler dans 155 pays.

(2) Certains enseignants de nationalité non chinoise viennent se former en Chine.

Selon les statistiques, un total de 953 enseignants venus de 56 pays ont été formés en Chine en 2019.

(3) Des experts chinois se rendent à l'étranger pour former des enseignants d'autres nations.

Selon les statistiques, en 2019, la Chine a envoyé plusieurs groupes d'experts dans 13 pays pour former 783 enseignants de chinois de nationalité non native.

2. Formation des bénévoles pour l'enseignement du chinois

(1) La formation initiale des bénévoles avant d'être en charge d'un poste.

Selon les statistiques, un total de près de 4 700 nouveaux enseignants de chinois de type bénévol volontaires ont été formés en 2019 pour aller travailler dans 140 pays.

(2) Formation en cours d'emploi pour les enseignants volontaires de chinois.

Selon les statistiques, en 2019, un total de 17 pays ont organisé la formation en cours d'emploi pour plus de 3700 enseignants volontaires de chinois.

Dans l'ensemble, en 2019, la Chine a formé un total de 1 736 enseignants étrangers natifs, il y a 925 nouveaux enseignants professionels de chinois qui sont en poste à l'étranger et plus de 8 400 enseignants de chinois volontaires (reçus la formation initiale ou la formation en cours d'emploi). Au total, environ 11 000 enseignants de chinois de toutes sortes ont été formés tout au long de l'année.

III. Les enseignants de chinois hors de Chine

En 2019, suite à une forte demande, la Chine a sélectionné, formé et envoyé un total de 9 222 enseignants de chinois (des enseignant officiels et de bénévoles) dans 155 pays et régions du monde. Parmi eux, 6 298 enseignants de chinois de type bénévoles se sont retrouvés dans 140 pays ou régions, et 3 633 enseignants professionnels travaillaient dans des écoles secondaires et des universités de 155 pays. Parmi ces derniers, 3 006 ont été chargé d'un poste dans 416 Instituts Confucius et 66 Classes Confucius dans 152 pays et régions, tandis que 627 enseignants ont été affectés dans des écoles secondaires et des universités sans lien avec les Instituts Confucius. Quant aux bénévoles, 3 031 d'entre eux ont été engagés dans le réseau des Instituts Confucius (y compris les Classes Confucius), et 3 258 travaillent dans des universités, des établissements secondaires et des écoles primaires locales en dehors de ce réseau.

Notons encore qu'en 2019, 219 enseignants de nationalité étrangère ont été chargé d'enseigner le chinois dans 43 pays bordant les 'Nouvelles routes de la soie'.

À en juger par les chiffres de 2019, l'offre et la demande des enseignants de chinois hors de Chine s'équilibrent quasiment grâce au nombre d'enseignants et de bénévoles, grâce aussi aux diplômés de master en enseignement international du chinois formés en Chine, et envoyés de par le monde.

(Auteurs : ZHU Ruiping 朱瑞平, LIU Xu 刘旭, Université normale de Pékin)

Élaboration du matériel pédagogique

I. Historique de la création de matériel didactique

Après la fondation de la République populaire de Chine (RPC), le premier manuel de chinois pour des étudiants en échange a été publié en 1958 sous le titre anglais de *Modern Chinese Reader* par DENG Yi (邓懿：《汉语教科书》), du même nom que le manuel publié en 1954 par ZHU Dexi (朱德熙) et ZHANG Sunfen (张荪芬) pour les cours d'initiation au chinois moderne donnés en Bulgarie.

Depuis les réformes économiques et l'ouverture de la Chine l'élaboration du matériel pédagogique s'est développé au même rythme du développement de l'enseignement international du chinois. Après la fondation du Bureau national pour l'enseignement du chinois langue étrangère (Hanban) en 1987, on a promu vigoureusement le développement et la promotion du matériel pédagogique. Fin 2013, le siège des Instituts Confucius avait publié quelque 3 000 manuels de chinois en 45 langues, pour les niveaux primaire, secondaire et universitaire. Ces manuels pour les autodidactes, supports de lecture, dictionnaires, matériaux de préparation pour les tests, standards et autres programmes d'enseignement forment ainsi un cadre de base pour les manuels à venir de l'enseignement international du chinois. En 2017, plus de 30 millions d'exemplaires de matériel pédagogique avaient été distribués dans 170 pays. De plus, à travers la bibilothèque numérique le siège de l' Institut Confusius fournit en ligne des ressources numériques sur la langue et culture chinoise, ainsi sciences humaines et sociales.

Depuis le début du XXIe siècle, la recherche et l'expansion à l'internationale des manuels de chinois présentent de nouvelles caractéristiques et tendances. Tout d'abord, on constate une augmentation du nombre d'exemplaires publiés : on avait 1 373 exemplaires (représentant 13,6 %) avant l'an 2000, et les deux premières décennies du 21ème siècle on a publié 8 735 exemplaires (représentant 86,4 %). Deuxièmement, le nombre des langues de la publication a augmenté, on en avait 16 au siècle dernier arrivant à 40 langues aujourd'hui. Troisièmement, la proportion de matériel didactique destinés aux enfants a connu une forte augmentation, on a publié 242 ouvrages (représentant 17,63 %) au siècle dernier et on en a 2 883 livres (représentant 33,01 %). Pendant les premières décennie du 21ème siècle. Quatrièmement, alors que le matériel pédagogique dédié a aussi légèrement augmenté qui représentait moins de 1 % au siècle dernier, il se monte à plus de 5 % actuellement. Fin 2018, selon la bibliothèque de données mondiale dépendant de la base pour la recheche et le développement du matériel pédagogique de chinois, qui répertorie quantité d'informations sur les manuels de chinois, on trouve 17 800 titres publiés par 40 pays, en 56 langues. Quant aux tendances globales, on est passé de la focalisation sur les éléments linguistiques à une combinaison entre langue, communication et culture, à une diversification des méthode pédagogiques et à un perfectionnement des compétences communicatives.

II. La publication de matériel pédagogique en RPC

Les statistiques sur le matériel pédagogique de 22 éditeurs fin 2019 font état de 667 volumes au total, en 16 langues internationales : allemand, anglais, arabe, chinois, coréen, espagnol, français, haoussa, indonésien, mongol, néerlandais, polonais, roumain, russe, tchèque, thaï, sans oublier les éditions bilingues ou multilingues.

1. Matériel pédagogique et manuels de lecture

Il existe 140 manuels pédagogiques utiliés au sein de la Chine, dont 131 sont des manuels de chinois général et 9 types de matériel pédagogique spécial. Ces derniers correspondant particulièrement bien aux besoins de l'enseignement du chinois dans la nouvelle période. Dans les publications récentes, on mentionne ici les séries de *Cours intensifs de chinois préparatoire* (《预科汉语强化教程系列》en 6 volumes) de la Maison d'édition de l'Université des langues et cultures de Pékin (北京语言大学出版社 BLCUP) et l'ouvrage *Étudier en Chine* (《学在中国》en 4 volumes) des Presses pour l'Enseignement et la recherche en langues étrangères (外语教学与研究出版社 Foreign Language Teaching and Research Press FLTRP), qui permettent aux étudiants internationaux de se préparer à l'examen dans l'espoir d'obtenir une bourse du gouvernement chinois pour les cours préparatoires, et qui répondent à une demande croissante des étudiants désireux de suivre un cursus universitaire en Chine. Parmi les matériaux de cours qui s'appliquent à d'autres besoins universitaires et professionnels, citons la série *Science et technologie en chinois : la physique* (《专业汉语科技汉语系列：物理》) de la BLCUP, *Lecture et rédaction de mémoires pour les étudiants internationaux* (《留学生论文阅读与写作》) de la Maison d'édition de l'Université des sciences et technologies de Chine centrale de Wuhan (武汉华中科技大学出版社), et *Rédaction de mémoires* (《论文写作》) de l'Université Jinan de Canton (广州暨南大学). Quant aux Presses Commerciales (商务印书馆), on a publié un ouvrage intitulé *Les Caractères pour le MOOC de Beida* (《北大慕课——汉字课》), qui complète et synchronise le cours de *MOOC* en ligne — *Cours de Caractères rédigés par l'Université de Pékin* (《北大慕课教材——汉字》).

Le matériel pédagogique se concentre davantage sur les besoin des apprenants d'âges différents. En 2019, on comptait 93 ouvrages destinés à l'enseignement universitaire et aux adultes, 29 manuels destinés à l'enseignement secondaire et 18 livres pour l'enseignement primaire. Parmi ces supports de l'enseignement les manuels pour adultes comme *Expressway to Chinese* (《速通汉语》) publié par la BLCUP, *Boya Chinese* (《博雅汉语》) publié par les Presses de l'Université de Pékin (北京大学出版社), *Mastering Chinese* (《会通汉语》) publié par les Presses pour l'éducation du peuple (人民教育出版社), *Le chinois contemporain* (《当代中文》) publié par la Presse d'enseignement de la langue Chinoise (华语教学出版社, maintenant aussi publié en mongol, polonais et tchèque). Quant aux manuels pour l'enseignement secondaire, on pense à *Hey! et à Chinese* et *Everyday Chinese – Chinese Textbook* (《嘿！汉语》,《天天汉语——泰国中学汉语课本》) publiés par la BCLUP pour les écoles thailandaises. Tandis que manuels pour l'enseignement primaire, nous mentionnons *I Love Chinese – Chinese Textbook for Thai Primary Schools* (《我爱汉语——泰国小学汉语课本》) publié par les Presses pour l'Enseignement et la recherche en langues étrangères (FLTRP), ou encore *Lively Chinese* (《魅力华文》) publié par Sinólingua.

On compte 6 manuels et ouvrages pour apprendre le chinois en manière d'autodidacte. La demande pour ce type de manuels est moindre en raison du grand nombre de ressources déjà existantes en Chine.

Le nombre des livres de lecture atteint jusqu'à 454 et qui représentent le 68,1 % du nombre total de manuels de chinois de toutes sortes en Chine. dont 415 ouvrages sont destinés aux enfants, représantant 91,4 % des livres de licture publiés pour l'apprentissage du chinois. Les contenus de la lecture couvre un large éventail de sujets, y compris les sciences humaines, la situation dans le pays, la vie quoqtidienne sur le campus, la science, etc. Et la plupart d'entre eux sont les livres de séries et de différents niveaux.

2. Les livres de référence et matériel didactique supplémentaire

Parmi les 7 ouvrages de référence récemment publiés, nous mentionnons *l'Advanced Chinese-English Dictionary of Chinese Usage (Illustrated)* (《汉英高级汉语用法词典（插图本）》) publié par la Presse d'enseignement de la langue chinoise, et deux version de *Petit dictionnaire du chinois* (《汉语小词典》) de niveau élémentaire chinois-l'un est sino-français et l'aure sino-allemand publiés par les Presses pour l'enseignement et la recherche en langues étrangères (FLTRP). Les mots chinois répertoriés sont tirés du *Programme des examens HSK* (《HSK考试大纲》) et de la *Liste du vocabulaire courant du chinois moderne* (《现代汉语常用词表》). Les mots selectionnés sont utilisés de haute fréquence et en compagnie des illustrations.

Il existe 36 de type de manuels de préparation à divers examens. La plupart d'entre eux sont des supports pour les tests de niveau HSK, tels que le *Vocabulaire du HSK basé sur la fréquence des mots* (《HSK分频词汇》) ou encore le *Cahier d'écriture pour le HSK* (《写字本HSK》). Il y a également des recueils d'examens blancs de chinois pour les Programmes de diplôme du baccalauréat international (International Baccalaureate Diploma Programme IBDP) et pour le Certificat général international de fin d'études secondaires (International General Certificate of Secondary Education IGCSE), entre autres.

Vingt-quatre ouvrages de matériel de formation pour les enseignants ont été publiés. *Les méthodes d'enseignement du chinois en tant que langue étrangère* (《对外汉语教学法》) publié par les Presses de l'enseignement supérieur (高等教育出版社). Le livre présente par exemple les diverses méthodes pédagogiques, les séquences didactiques et les autres techniques d'enseignement. Quant à l'ouvrage *C'est ici que commence l'enseignement international du chinois : cas et analyses de son enseignement dans les écoles primaires et secondaires* (《国际汉语教学从这里开始：中小学国际汉语教学案例与分析》) de la Maison d'édition de l'Université de Pékin (北京大学出版社), le manuel présente 60 cas réels d'enseignement recueillis dans 13 pays.

III. Le matériel pédagogique hors de Chine

L'enseignement du chinois se développe généralement bien, et plus particulièrement dans 12 pays ou régions du monde. A la fin 2019 on avaient publié 598 supports d'enseignement en 10 langues différentes, et en versions bilingues ou multilingues : en allemand, anglais, arabe, chinois, coréen, espagnol, français, indonésien, japonais, thaïlandais.

1. Matériel pédagogique et manuels de lecture

On trouve qu'il y a deux cent quarante-six manuels publiés hors de Chine, dont 237 sont des ouvrages pour l'enseignement ordinaire du chinois et 9 manuels spéciaux de chinois (3 ont pour sujet du tourisme, 2 pour le commerce, et les derniers quatre ouvrages abordent respectivement le système judiciaire, l'aviation, la médecine et la vente). Dans les publications spécialisées, il y a par exemple les manuels coréens *Théorie et exemples de traduction juridique* (《汉语司法翻译理论及案例》) et *Chinois pratique pour l'aviation* (《航空实物中文》). Si on distingue les manuels d'enseignement en classe par tranche d'âge, il y a 151 manuels pour l'enseignement du chinois à l'université et pour les adultes, 24 manuels pour l'école secondaire, 68 ouvrages pour l'école primaire et 3 livres pour l'enseignement préscolaire. Nous citons ici quelques exemples récents, on trouve que pour les adultes le manuel *New Horizon College Chinese* (《汉语新天地》) publié au Japon, *Visions de la Chine, un manuel de lecture* (*Eyes on China :An Inermediate-Advanced Reader of Modern Chinese*《视觉中国阅读教程》) pour les apprenants anglo-saxons, et *Le chinois est pourtant facile* (*Ternyata Bahasa Mandarin Mudah*《原来汉语很容易》) publié en Indonésie. Les manuls pour l'école secondaire, on a *Voyager en Chine* (*Viaje a Chine* 《中国之旅》) en Espagne, ou *Grandir* (《成长》) à Singapour. Quant au niveau primaire, il y a *Étudier la Chine 1-6* (《中国研习1 ~ 6》), publié en Égypte, *le Chinois : le guide de conversation des enfants* (《中文：儿童对话指南》), publié en France et *Apprendre le chinois en s'amusant* (《快乐学中文》), publié en Thaïlande.

Quant à l'apprentissage en manière d'autodidacte, on a dénombré 144 ouvrages, le nombre de manuels similaires à l'étranger dépasse de loin de ceux en Chine. Ils couvrent principalement des sujets de l'expression et la compréhension orales, du vocabulaire (dont des Flashcards), des caractères chinois et de la grammaire. On a pour le chinois intermédiaire, *Prochaines étapes en chinois mandarin intermédiaire avec Paul Noble* (*Next Steps in Mandarin Chinese with Paul Noble for Intermediate Learners*《跟保罗学汉语·中级》) publié chez Harper Collins Publishers, et *Comprendre et parler le chinois des affaires* (*Chinesische Handelskorrespondenz*,《商务汉语听说》) édité en Allemagne.

En ce qui concerne les supports de lecture, on dénombre 113 manuels dont 96 livres pour enfants et le contenu consiste principalement aux histoires littéraires, sous format papier, électronique et audio. Par exemple, on a la *Collection de livres de lecture en chinois pour les enfants du monde* (中文世界儿童阅读文库) de Cengage Singapour

(新加坡圣智) qui est divisée en 10 niveaux et inclut des histoires, de la vulgarisation scientifique et diverses traditions culturelles de la Chine. La collection comporte 50 volumes et elle est diffusée principalement aux États-Unis, en Indonésie et aux Philippines.

2. Livres de référence et manuels de préparation aux examens

On compte 17 ouvrages de référence, qui sert surtout aux apprenants adultes, les dictionnaires sont les plus courants, mais on y trouve aussi des manuels de grammaire et des livres de référence sur l'écriture des caractères chinois. S'y ajoutent deux dictionnaires illustrés pour les enfants.

Soixante-treize manuels de préparation aux examens permettent de réviser le vocabulaire et de passer des examens blancs. Ceux pour les tests HSK sont les plus nombreux. Il y a par exemple *Entraînement à la rédaction pour le HSK 3* (HSK 3 级写作训练), *Passer le nouvel HSK1* (新HSK1 級 必ず☆でる単スピードマスター, édition japonaise de 《新HSK 1 级必过》), *Rêver au Youth Chinese Test (YCT)* (드림중국어 YCT, édition coréenne de 《*Dream* 汉语*YCT*》). D'autres supports, comme *Le livre de vocabulaire pour le chinois Advanced Placement (AP)* version 2019 (《AP 中文词汇 2019 版》), *Mille questions pour résoudre de manière approfondie les problèmes de prise de notes au niveau 3* (《中検3 級筆記問題徹底対策1000 問》), *Révision intensive du chinois B du Baccalauréat international (HL)* (《IB 中文B（HL）强化训练》). Les contenus de ces ouvrages chevauchent en partie ceux des manuels pour l'enseignement secondaire aboutissant à l'International General Certificate of Secondary Education (IGCSE) tels que la série *Cambridge IGCSE® Chinese as a Second Language* (《剑桥IGCSE® 中文作为第二语言》) des Presses universitaires de Cambridge, qui sont des manuels de classe liés au programme de l'IGCSE chinois langue seconde.

On compte également 5 manuels destinés à la formation des enseignants, des guides pédagogiques tels que la *Boîte à outils pour l'enseignement du chinois en primaire*, *Primary Chinese Teaching Toolkit*, ainsi que des manuels sur l'enseignement ou sur la recherche sur les apprenants comme *Enseigner le chinois langue seconde : la voie de l'apprenant*, *Teaching Chinese as a Second Language : The Way of the learner*, publiés en anglais.

IV. Nature et caractéristiques du matériel pédagogique

(1) Par rapport aux manuels rédigés et publiés à l'étranger,la proportion des manuels de formation des enseignants et des ouvrages de lecture publiés en Chine sont relativement élevée. Tandis que dans les manuels rédigés et publiés hors de Chine, les manuels en classe, les matériaux pédagogiques et manuels pour les études autodidacte, les livres de référence, et les manuels pour préparer les examens, occupent une proportion assez élevée. Les manuels d'enseignement d'édition chinoise et ceux d'édition étrangère se complètent mutuellement.

(2) Les manuels pour les enfants représentent 33,4 % des manuels scolaires et les livres pour la lecture des enfants représentent 91,1 % des livres pour la lecture. Comme le nombre des enfants étrangers qui apprennent le chinois augmente de plus en plus, cela conduit l'enseignement du chinois à entrer dans le système d'éducatif national de 60 pays. C'est la raison pour laquelle, la proportion des manuels scolaires pour enfants à l'étranger est nettement plus élevé que celle de la version chinoise.

(3) Les publications de manuels de chinois + compétences professionnelles sont en augmentation. Pour répondre aux besoins de la construction des Nouvelles routes de la soie (新丝绸之路), le matériel pédagogique 'Chinois + compétences professionnelles' est le point de croissance du développement futur. Prenons quelques exemples, *Apprendre à utiliser le chinois sur son lieu de travail* (《学以致用：中高级职场汉语》) de Routledge (Royaume-Uni), *Apprendre la technologie en Chine* (《到中国学技术》) (l'ouvrage inclut les chemins de fer, la logistique marchande, le commerce électronique) de l'Institut Confucius de l'Université de Khon Kaen en Thaïlande, *Le chinois pour la police* (《警务汉语》) de la FLRTP, *Le chinois pour le service aérien* (《空服汉语》) des Presses New Scholastic (新学林出版社). Certains Instituts Confucius ou Classes Confucius en Afrique ont rédigé eux-mêmes leur propre matériel pédagogique

(non pas encore publié), comme le *Manuel pour les guides touristiques* (《导游教材》) de l'Institut Confucius de l'Université de Namibie, *Le chinois pour l'aviation* aux Seychelles (《塞舌尔航空汉语》) et *Le chinois pour le tourisme* aux Seychelles (《塞舌尔旅游汉语》) de l'Institut Confucius de l'Université des Seychelles, ainsi que *Le chinois pour les infirmières* (《护士汉语》) de l'Institut Confucius de l'Université du Sierra Leone. Les Presses de l'Université ouverte nationale (国家开放大学出版社) ont publiés une série de supports pédagogiques sur *Le chinois pour l'industrie* (《工业汉语》), et la brochure *Technologie du soudage* (《焊接技术》) est essayé en Zambie.

(4) Il faut augmenter la quantité de matériel pédagogique dans les régions où il était rare par le passé. Dans les régions arabophones, deux nouveaux supports d'enseignement du chinois ont été ou sont sur le point d'être publiés, *Études sur la Chine, Niveaux 1-6* (《中国研习》1 ~ 6年级), version bilingue sino-arabe, par Bayt Al-Hekma Cultural Investment Company en Égypte en collaboration avec les Presses de l'Université normale de la Chine de l'Est de Shanghai (华东师范大学出版社), et *À travers les Routes de la Soie* (《跨越丝路》), un manuel pour l'enseignement secondaire promu par le Ministère de l'Éducation des Émirats arabes unis. En Afrique, les Instituts et les Classes Confucius ont créé leur propre matériel pédagogique (voir le paragraphe ci-dessus) et le Mozambique a publié *La vie des gens dans la littérature* (《文学里的人生》). Le manuel en huit langues *L'histoire de Xiao Li* (《小李的故事》) des Presses expresses pour l'enseignement international du chinois de Hongkong (香港快捷汉语国际教育出版社) est largement utilisé dans les écoles internationales du Kazakhstan.

(5) Le matériel de formation des enseignants est apprécié. Ce type de matériel pédagogique est basé sur la pédagogie, les techniques d'enseignement et des exemples de cas. *Les trésors pédagogiques de M. Gan* (《甘老师的教学法宝》), ou *Cinquante modèles de jeux pour l'enseignement international du chinois* (《国际汉语教学游戏50例》). Afin de s'adapter à la construction professionnelle et de pallier la pénurie d'enseignants, plusieurs séries d'ouvrages sur la formation des enseignants sont en cours d'élaboration par la BLCUP, la Maison d'édition de l'Université de Pékin, et par d'autres.

(6) Les résultats de la recherche sur les contenus des manuels montrent une

phénomène déséquilibre. A travers la cherche des recherches par mots-clés sur le China Knowledge Network (CNKI, 中国知网) on peut trouver 113 articles sur les manuels de chinois. Parmi ces 113 articles, 9 présentent la publication d'ouvrages, 6 présentaient des manuels édités avant la fondation de la République populaire de Chine, et alors que 98 sur des manuels sont édités après 1949. La plupart d'entre ces 98 articles, on étudie plutôt les manuels utilisés dans les universités chinoises ; 6 pour étudier étudient les manuels des écoles primaires et secondaires, 3 se concentrent sur les supports de lecture, 11 analysent les manuels publiés hors de Chine et 8 traitent des manuels de chinois spécialisé. Proportionnellement, ces chiffres sont clairement trop peu représentatifs.

(7) L'orientation du développement futur est à rendre plus explicites. Il faut mettre en accet sur l'adéquation locale , l'adéquation d'âge, et la nature professionnelle dans la recherche et le développement des manuels à l'avenir (spécialisation, métiers). On tiendra compte aussi de l'élaboration de ressources en ligne pour l'ensignement du chinois de manière à répondre à la demande mondiale. D'autre part, les chercheurs doivent intégrer dans leur pratique d'enseignement les résultats des recherches mondiales en didactique et pédagogie des langues secondes, et attacher de l'importance aux fondements scientifiques et aux valeurs pratiques des matériaux d'enseignement.

(Auteurs : ZHOU Xiaobing 周小兵, Université des langues et cultures de Pékin ;
WANG Xi 王喜, Université normale de la Chine de l'Est, Shanghai)

Tests de niveau de chinois : du HSK au ZSC

2019 marque un nouveau point de départ pour l'enseignement international du chinois, ainsi qu'un palier historique important et le début du développement de nouveaux Tests de niveau de chinois (中文水平测试 ZSC). Les tout premiers examens de niveau de chinois langue étrangère, dits HSK (汉语水平考试), étaient introduits en 1984, il y a déjà 35 ans. Depuis 2004, c'est-à-dire depuis que le réseau des Instituts Confucius s'est développé dans le monde, voici maintenant 15 ans que le HSK et autres tests de chinois se sont adaptés à la demande et se sont multipliés. Les nouveaux tests de niveau de chinois ZSC marquent un palier historique : on remet le 'chinois écrit' (中文) sur un pied d'égalité avec le 'chinois parlé' (汉语), et des 'tests' (测试) remplacent les 'examens' (考试). Il ne s'agit pas simplement d'un changement de terminologie pour de nouvelles perspectives ou un nouvel avenir, mais d'un retour aux fondements et à l'importance à accorder à la fois à l'oral et à l'écrit, en s'intéressant aux résultats, et plus encore aux processus, cela reflète un tout nouveau look et un concept profond vers les tests systématiques de la nouvelle ère. En 2019, les tests de niveau HSK étaient devenus la troisième plus grande marque de tests de langue derrièr l'International English Language Testing System (IELTS, Royaume-Uni) et le Test of English as a Foreign Language (TOEFL, États-Unis). Faire face au monde et innover constamment est toujours la clé du progrès continu et du développment des tests de niveau chinois.

I. État actuel du développement

En 2019, les tests ZSC sont devenu un système global et intègrent plusieurs types d'évaluation des compétences en chinois, qui se sont perfectionnés au fil du temps. On distingue ainsi les examens HSK (acronyme du chinois 汉语水平考试) des tests de compétences orales en chinois HSKK (HSK口试), les tests de langue chinoise pour les jeunes YCT (Youth Chinese Test), les tests de chinois pour le business BCT (Business Chinese Test) et les tests de chinois pour la médecine MCT (Medical Chinese Proficiency Test)[1]. S'ajoutent à cette série toutes sortes d'épreuves à faire en classe, des modèles de tests blanc, et des tests de certification pour les institutions hors de Chine. En 1990, 391 personnes ont participé aux premiers tests HSK ; en 2004, année de fondation des Instituts Confucius, 32 000 candidats se sont présentés à 61 sites HSK dans 33 pays ; en 2019, 808 000 candidats ont passé les tests dans 1 229 sites HSK dans 150 pays, on compte 7,5 millions de personnes qui ont inscrit à l'un ou l'autre de ces tests.

Cet article sélectionne les donnés de 448406 candidats qui ont passé les niveaux 1 à 6 des tests de compétence en chinos en 2019 comme échantillon (fiabilité des épreuves α : 0,905 à 0,941) pour étudier et analyser la situation globale cette année-là. Les chiffres montrent que le HSK se développe rapidement, mais qu'il y a des problèmes du développement inégal dans les trois aspects: la répartition régionale, la répartition par âge et la répartition des niveaux de chinois, ce qui reflète la situation actuelle de l'enseignement international du chinois.

Du point de vue de la répartition régionale, en Asie (hors Chine) il y avai le plus grand nombre de candidats au HSK en 2019, soit représentant 62,9 % des candidats dans le monde, l'Europe en comptait 8,9 %, l'Afrique 3,7 %, l'Amérique du Nord 2 %, l'Amérique du Sud 1,1 % et l'Océanie 0,5 %. Ces chiffres reflètent un développement inégal des tests de niveau de chinois en 2019. Sept pays comptaient plus de 10 000

1 Les tests de chinois à l'étranger sont actuellement certifiés par le Centre pour la coopération et les échanges linguistiques internationaux (CLEL) du Ministère chinois de l'Éducation et comprennent notamment les tests d'expression orale en chinois (Oral Chinese Test ou OCT pour son acronyme anglais), organisés et administrés à Hongkong, en Chine, et les tests de maîtrise des caractères chinois (汉字能力考试 HNK), organisés et administrés en Corée du Sud.

candidats en 2019, et cinq pays de 5 000 à 10 000 candidats (cf. tableau 1). En plus de facteurs historiques et culturels bien connus, nous présentons ci-après une analyse statistique liée au nombre de candidats des 12 pays du tableau (à l'exclusion de la Chine), en nous référant au nombre d'étudiants internationaux venus en Chine en 2018 et aux données liées au commerce bilatéral avec la Chine. Les résultats montrent que le nombre d'étudiants internationaux et le volume du commerce bilatéral sont tous les deux significativement et positivement corrélés avec le nombre de candidats au HSK ($p<0,001$), avec des coefficients R de 0,815 et 0,494 respectivement.

Tableau 1 Nombre de candidats au HSK et leur taux de réussite dans quelques pays en 2019

Pays	Nombre total de personnes	HSK1		HSK2		HSK3		HSK4		HSK5		HSK6	
		Nombre de personnes	Taux de réussite	Nombre de personnes	Taux de réussite	Nombre de personnes	Taux de réussite	Nombre de personnes	Taux de réussite	Nombre de personnes	Taux de réussite	Nombre de personnes	Taux de réussite
Corée du sud	102638	5233	95.26%	8349	93.75%	15313	79.66%	25319	66.84%	28261	62.25%	20163	64.82%
Chine	93738[1]	2265	95.01%	3896	92.35%	9997	80.59%	37411	64.76%	24630	70.01%	15539	66.74%
Thaïlande	50874	8194	71.15%	10826	70.76%	11431	57.96%	11556	51.22%	7697	47.84%	1170	55.13%
Japon	29836	2674	95.55%	4125	94.38%	6065	91.38%	6825	76.92%	6161	65.98%	3986	59.96%
Vietnam	21003	454	97.36%	2481	92.66%	6614	85.53%	6989	83.63%	3749	78.37%	716	72.07%
Indonésie	16612	3617	87.84%	4190	90.67%	3890	83.29%	3056	73.53%	1541	71.06%	318	77.99%
Myanmar	11947	1372	98.10%	2468	95.58%	2146	90.63%	2397	83.35%	1659	81.68%	1905	81.15%
Philippines	11655	3789	65.29%	3250	66.58%	2870	55.16%	1155	41.30%	338	52.07%	253	77.47%
Russie	8162	1712	94.98%	1983	92.54%	1923	82.79%	1452	67.22%	934	56.96%	158	48.10%
Italie	6732	1945	94.91%	1927	95.23%	1365	81.90%	841	80.98%	439	72.67%	215	81.40%
France	5724	1344	94.20%	1798	88.38%	1484	70.96%	643	63.30%	328	66.46%	127	68.50%
Pakistan	5203	2598	77.60%	1425	77.33%	768	51.43%	315	33.33%	84	55.95%	13	15.38%
USA	5120	931	87.86%	1007	90.07%	996	74.60%	1317	71.15%	645	69.46%	224	84.38%

Source des données : Chinese Language Testing Service (www.chinesetest.cn)

En termes de répartition par âge, l'âge moyen des personnes ayant passé un test HSK dans le monde en 2019 est de 21,71 ans, avec un écart type de 7,97. Le candidat le plus âgé avait 88 ans et le plus jeune 6 ans. 75 % d'entre eux avait moins de 24 ans,

1 Le HSK est passé en Chine principalement par les étudiants et les travailleurs étrangers en Chine.

cela veut dire que les candidats sont relativement junes, et qui présentent une distribution asymétrique vers la droite du graphique. L'âge moyen des participants aux tests HSK de niveau 1 est de 18,85 ans, de 19,36 ans au niveau 2, de 21,22 ans au niveau 3, de 22,37 ans au niveau 4, de 23,58 ans ans au niveau 5 et, au niveau 6, de 24,02 ans. D'autre part, l'âge moyen des candidats au Youth Chinese Test (YCT) est de 12,88 ans, et 84 % des jeunes candidats avaient moins de 15 ans.

D'après les résultas et l'analyse des niveau du chinois, il existe des différences nationales et des différences de niveau dans le taux de réussite aux teste de HSK. Pprenons l'exemple de 12 pays, on voit que les taux de réussite de la Birmanie, du Vietnam, de l'Italie et de l'Indonésie sont supérieurs à la moyenne mondiale pour les six niveaux du HSK, à l'exception du test HSK niveau 3 aux Etats-Unis et de celui niveau 6 au Japon. Les taux de réussite des autres niveaux de ces deux pays sont supérieur au taux moyen du monde entier. Quant aux HSK 5 et 6, les taux de réussite en France sont supérieurs à la moyenne mondiale, tandis que les taux de réussite en Russie et en Corée du Sud sont inférieurs ; les taux de réussite aux Philippines (sauf pour le HSK 6), au Pakistan et en Thaïlande sont inférieurs de 9 à 50 points de pourcentage à la moyenne mondiale dans tous les niveaux. Cela reflète les différences dans l'enseignement du chinois dans divers pays en termes de traditions historiques, de base de la langue chinoise, de niveau des enseignants, de qualité du cours et du degré d'importance qu'accordent les gouvernements nationaux et régionaux à l'enseignement du chinois. On constate également, dans la Figure 1 ci-après, que le taux de réussite pour chaque niveau du HSK diminue progressivement, passant de 86,28 % au niveau 1 à 64,77 % au niveau 5, puis augmente légèrement pour atteindre 67,13 % au niveau 6, ce qui est conforme aux lois de l'apprentissage d'une langue et à la conception graduelle des tests de niveau. La cause du rebond du taux de réussite du HSK 6 est à étudier plus avant.

Selon la répartition des niveaux on voit que les tests de bas niveaux sont davantage choisis hors de Chine, avec 70,06 % de candidats ont passé les niveaux HSK 1 à 4, reflétant à l'heure actuelle, la réalité objective des niveaux moyens et faibles des apprenants étrangers alors que le nombre de candidats HSK de niveau 3 à 5 occupe les trois premières places. Cela a à voir avec l'exigence minimale de maîtrise du chinois pour pouvoir étudier en Chine, et les universités chinoises prennent généralement les tests HSK 4 et HSK5 comme le seuil d'entrée pour étudier à l'université.

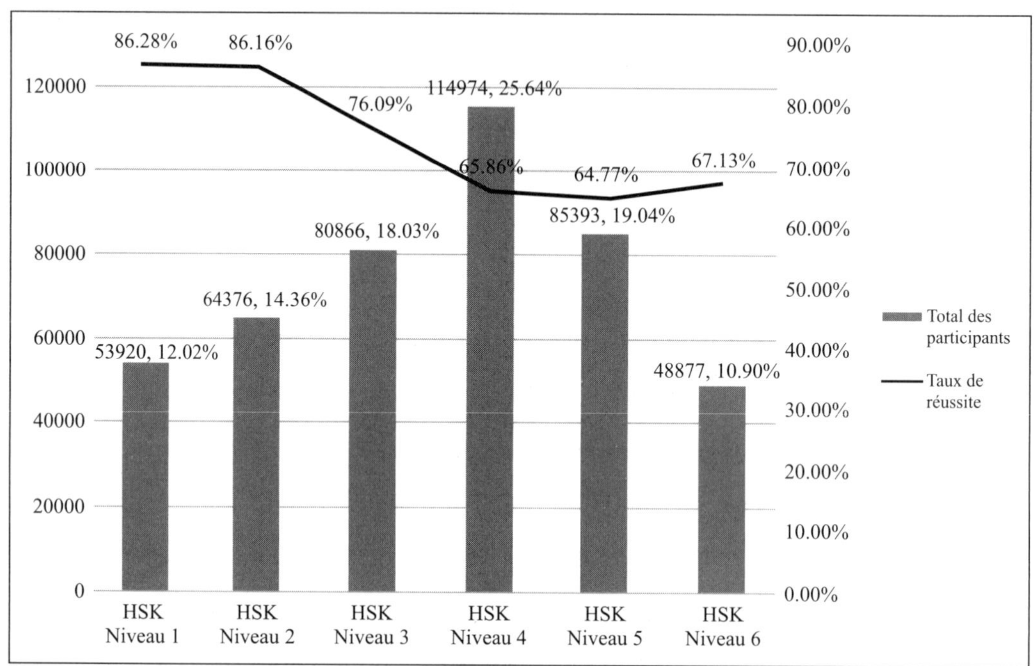

Source : *Chinese Language Testing Service* (www.chinesetest.cn)

Gráfico 1 Nombre de participants au HSK par niveau et taux de réussite (année 2019)

II. Concept de développement

1. Centré sur l'apprenant

Avec le nombre croissant de candidats aux tests de compétence en chinois (ZSC), le développement d'un concept d'examen « centré sur l'apprenant » a contribué de manière positive à l'enseignement et à l'apprentissage du chinois. Premièrement, le ZSC n'est pas seulement une évaluation des résultats, mais aussi un outil important pour l'évaluation des processus et des étapes de l'apprentissage de la langue, qui permet aux apprenants de compenser le manque à gagner, et d'améliorer apprentissages. En 2019, 6,7 millions d'apprenants ont passé des tests de chinois en classe et des examens blancs.

Deuxièmement, dans tous les aspects de proposition et d'élaboration de programmes de cours, le tests de compétence en chinois s'efforce de créer un environnement authentique pour apprendre la langue chinoise, afin d'encourager les apprenants à « appliquer ce qu'ils ont appris ». En 2019, les thèmes repris dans les examens du HSK comprenaient 47 sujets répartis en 10 catégories, dont *La vie quotidienne, Carrière et travail, Éducation et culture, Technologie et nature*, présentant pratiquement tous les aspects de la vie sociale chinoise. Les programmes et examens basés sur ces sujets ont été élaborés pour plus de 1,25 million d'apprenants. Troisièmement, pour les apprenants, le ZSC est un pont entre la Chine et le monde, qui ouvrent à de nombreux échanges. Selon des statistiques incomplètes, en 2019, 150 000 étudiants internationaux avaient appris à mieux connaître la Chine grâce à l'exposition sur l'emploi et sur les études en Chine, et des étudiants ayant suivi des cours HSK, quelque 398 000 étudiants ont réussi à étudier en Chine après avoir obtenu un certificat HSK, et plus de 500 000 personnes de nationalité non chinoise, se sont rendues en Chine pour travailler.

2. Mise en évidence des caractéristiques du chinois

Les chercheurs s'accordent généralement à dire que les compétences linguistiques sont extrêmement complexes et abstraites. En 2019, ZHANG Houcan (张厚粲) a souligné que les capacités linguistiques abstraites se manifestent toujours par un certain niveau de langue, dans un temps et un espace avérés. Si l'on prend l'exemple des examens HSK, les six niveaux de compétences sont décrits d'abord par le niveau langagier attendu, puis par les trois dimensions inhérentes à l'acquisition d'une langue que sont le lexique, les thèmes et les tâches, et les fonctions syntaxiques. Le niveau 1 du HSK exige que les apprenants doivent maîtriser 150 mots, 15 sujets de conversation pour 3 thèmes principaux, 8 tâches linguistiques et 40 points de grammaire ; le niveau 6 exige que les apprenants doivent maîtriser plus de 5 000 mots, 47 sujets de conversation pour 9 thèmes, 14 tâches linguistiques et 23 points de grammaire, tout cela reflète les caractéristiques des bases du chinois. Il est prévu qu'à l'avenir le ZSC (ou HSK3.0) se développe plus avant à partir des acquis du HSK, que les compétences reflètent davantage les caractéristiques du chinois, et que les compétences en chinois langue seconde soient décrites de manière plus précise. De nouveaux enseignement du chinois et de nouvelles normes de test du chinois se profilent à l'horizon. *Les Standards des niveaux pour l'enseignement international du chinois* (《国际中文教育中文水平等级标准》[1]) mettent en surbrillance les caractéristiques de la langue chinoise est sur le point de publier, à savoir selon quatre domaines critériés, les syllabèmes, les caractères, le lexique, et la syntaxe, qui permettront de mieux constituer les quantifications lnguistiques (y compris 1 110 syllabes, 3 000 caractères chinois, 11 092 mots et 572 points grammaticaux).

Ils répondront aux attentes mentionnées ci-dessus, et seront organisés de manière détaillée selon trois paliers (三等 initiation / intermédiaire / avancé) et neuf niveaux (九级, 3 niveaux par palier), ceci grâce à quantité d'indicateurs linguistiques (1 110 syllabes, 3 000 caractères chinois, 11 092 mots et 572 points de grammaire). Ces nouveaux *Standards de niveaux pour l'enseignement international du chinois* fourniront des conseils unifieés pour l'enseignement international du chinois et l'évaluation de l'apprentissage, dans le but de s'adapter à la tendance de développement de l'enseignement international du chinois dans la nouvelle ère.

3. Recherche scientifique et intelligence artificielle

On a toujours adhéré à l'idée que « la science et la technologie sont les premières forces productives » dans divers tests de chinois. Tout d'abord, en 2019, la création de 17 projets de Fonds de recherches internationaux pour HSK a pour tâche de continuer la promotion de la recherche fondamentale et le développement technologique, et de diriger deux projets clés de la Commission nationale pour le travail sur les langues et l'écriture chinoises. Deuxièmement, la plateforme internationale de propositions, l'intelligence artificielle et le système de digitalisation des données dans le cloud ont déjà permis de coder quelque 120 000 questions d'examen ces derniers six ans. Troisièmement, d'ici la fin de 2019, 489 centres d'examens en ligne ont été mis en place dans le monde entier, grâce

---

1 *Les Standards de niveau pour l'enseignement international du chinois* ont été publiés en mars 2021 par la Commission de travail du Ministère de l'Éducation chinois sur les normes de l'écriture chinoise et mis en œuvre au mois de juillet de la même année.

aux technologies du cloud, atteignant une couverture de 40 % des besoins. Sur la base du classement à distance et à la machine, le système de diagnostic par simulation en ligne pour les tests de la langue chinoise a été lancé a fin de diagnostiquer automatiquemeht les niveaux de chinois, qui aide de façon ciblée, les apprenants de chinois à améliorer leurs méthodes d'apprentissage. Au cours de l'année, voilà 15 775 personnes ont utilisé ce système. Et quatrièmement, toujours en 2019, en sus des traditionnels courriels pour les inscriptions et les demandes de renseignements sur les examens, le service client intelligent multilingue Xiaoneng Solution a été largement utilisé, avec 11 940 réponses automatiques à divers messages tout au long de l'année. D'autre part, la technologie de reconnaissance faciale a été introduite pour identifier les candidats et garantir équité et sécurité des examens.

III. Coopération internationale

Avec l'augmentation du nombre d'apprenants et l'utilisation du chinois dans le monde entier, certains pays ou institutions éducatives internationales ont formulé leurs propres standards pour l'enseignement du chinois. Certains pays ont intégré le chinois dans leurs systèmes éducatifs nationaux, mis en place des examens de chinois, certain d'autres ont même adopté le chinois comme matière d'examen d'entrée à l'université. Ces tests locaux répondent aux divers besoins des apprenants de chinois dans le monde et sont devenus une partie non négligeable de l'ensemble des tests en la matière, ils forment une bonne écologie qui complète mutuellement les tests de compétence chinoise HSK.

1. Harmonisation des normes

Afin de mieux servir les apprenants de chinois dans le monde entier, les organisateurs, les responsables de la mise en œuvre et les partenaires des tests de niveau de chinois ZSC continueront à collaborer avec les établissements d'enseignement internationaux et les autorités éducatives des divers pays pour promouvoir une harmonisation internationale des différents standards d'évaluation, et pour une reconnaissance mutuelle entre les normes dans le monde et les Standards de niveaux pour l'enseignement international du chinois.

2. Tests et certifications

Les responsables des tests de compétences de chinois ZSC coopèrent effectuent activement la coopération avec les centres d'examens professionnels de divers pays pour effectuer une double certification sur les tests de chinois. En 2019, le HSK met en pratique la double certification avec les tests de compétences en caractères chinois de la Corée du Sud (HNK) chez les 2 591 candidats, et le HSK et l'examen de chinois pour préparer le diplôme d'études lycéennes de la Malaisie (SPM) ont mené un test d'essai de reconnaissance mutuelle avec 739 participants. À l'avenir, la pratique de la certification duale des tests de chinois sera également réalisée dans plus de pays et de régions du monde.

La langue est un pont et le lien avec la communication. Et la demande pour apprendre le chinois ne cesse de croître dans le monde. Grâce à l'apprentissage du chinois de plus en plus d'amis étrangers connaissent la Chine et découvrent la culture chinoise, une tendance qui ne manquera pas de promouvoir le développement plus avant des tests de compétences linguistiques en chinois. Sous la direction et la pratique des concepts des « centrés sur l'apprenant », « mise en valeur des caractéristiques de la langue chinoise » et « 'dirigés' par la recherche scientifique, les connaissances et les compétences », les tests de niveau de chinois répondent aux besoins d'apprentissage du chinois dans le monde et assurent la qualité de l'enseignement international du chinois. À l'avenir, ces tests joueront davantage encore un rôle d'évaluation et d'orientation. Les standards et le système de qualification seront améliorés sans cesse pour rendre les tests de niveau de chinois plus scientifiques, plus ouverts et plus faciles à mettre en œuvre. Il est devenu un outil efficace pour réaliser de façon hiérarchique et de classification l'enseignement du chinois selon attitude, et une garantie forte pour l'amélioration continue un perfectionnement continu de la qualité de l'enseignement international du chinois.

(Auteurs : Li Peize 李佩泽, Huang Lei 黄蕾, Li Lingyu 李玲玉,
Xiao Yuan 肖媛, Xie Nini 解妮妮, HSK International)

Développement des Instituts Confucius

Les Instituts Confucius sont des établissements éducatifs à but non lucratif établis grâce à diverses coopérations sino-étrangères. Les instituts se consacrent à répondre aux besoins des personnes de différents pays ou régions de la planète en matière d'apprentissage de la langue chinoise, à améliorer la compréhension de la langue et culture chinoises, à renforcer les échanges éducatifs et la coopération entre la Chine et le reste du monde, à promouvoir un développement multiculturel et à construire un monde harmonieux. Au fil des ans, les Instituts Confucius sont devenus des établissements reconnus dans le monde entier. On y enseigne le chinois, on y forme des enseignants de chinois et on y trouve quantité de ressources pédagogiques. Les Instituts Confucius organisent également des examens de niveau pour la langue chinoise et des certifications pour les enseignants de chinois. Ils fournissent aussi des informations et des conseils sur l'éducation et la culture chinoises. Cet article se base sur les statistiques du Bureau national pour l'enseignement du chinois langue étrangère du Ministère de l'Éducation (Hanban), passe en revue et analyse le développement des Instituts Confucius en 2019.

I. Cadre institutionnel

1. Contexte global

Les Instituts Confucius sont des institutions éducatives à but non lucratif établies dans de nombreux pays ou régions, dans l'espoir d'aider les peuples de tous les divers pays et régions à apprendre la langue chinoise et à comprendre la culture chinoise, qui constitue ainsi le pont pour la communication entre les langues, pour la compréhension entre les cultures et pour l'apprentissage mutuel entre les civilisations. Ils apportent leur contribution à la promotion des échanges entre la Chine et les pays étrangers, au développement de l'enseignement du chinois et constituent une bonne plateforme pour l'intégration culturelle et la connexion interpersonnelle.

Quinze ans se sont écoulés depuis le lancement du premier Institut Confucius en 2004, jusqu'en 2019. En 2010, le nombre des Instituts Confucius a dépassé pour la première fois les 300 établissements, et au cours des cinq années suivantes, il s'en créait à un rythme élevé quelque 40 par année. En 2015, leur nombre dépassait les 500 avant que leur implantation n'entre dans une période de croissance plus régulière. La construction des Instituts Confucius a progressivement ralenti durant le dernier quinquennat, et on s'est concentré dès lors plutôt sur les questions du développement de la haute qualité et du contrôle interne.

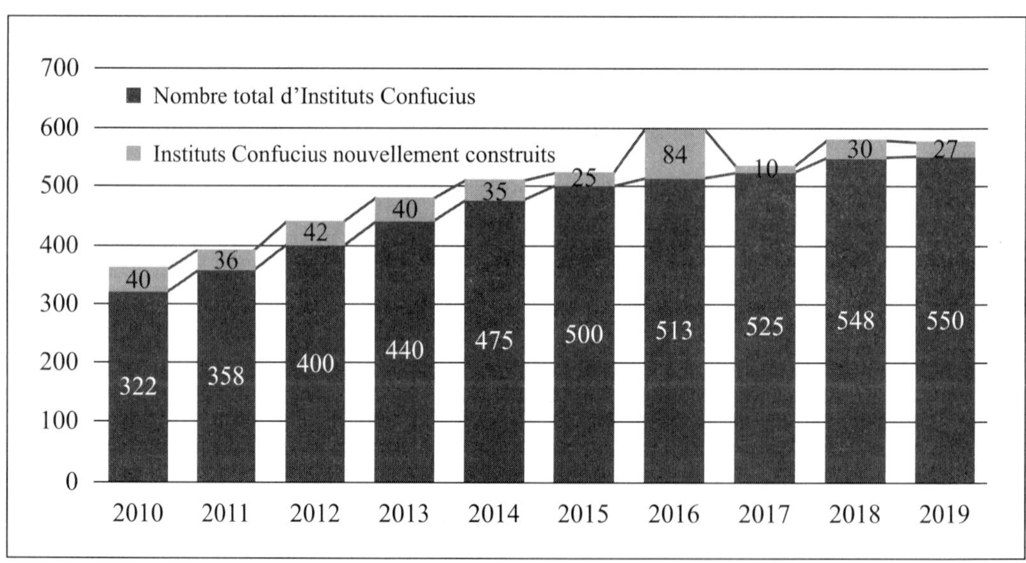

Source des données : Fondation chinoise pour l'enseignement international du chinois

Figure 1 Les Instituts Confucius ces 10 dernières années

Le modèle diversifié est devenu une caractéristique importante du développement des Instituts Confucius ces dernières années. On le constate d'abord par la diversité des partenaires. En différant des agences de promotion des langues d'autres pays, une caractéristique essentielle des Instituts Confucius est la cogestion des instituts avec un partenaire du pays d'accueil. La coopération peut se faire avec une institution éducative, un gouvernement national ou régional, une entreprise ou une association. En deuxième lieu, il y a aussi une diversité de bénéficiaires. Les activités culturelles organisées par des Instituts Confucius s'adressent à des étudiants, des enseignants, des experts et autres universitaires, aux spécialistes de diverses professions mais aussi aux gens ordinaires, de tous âges et de tous métiers. C'est la raison pour laquelle, dans la pratique, les Instituts Confucius développent des projets qui s'adaptent à leurs divers partenaires et bénéficiaires et à leur besoins respectifs.

2. Caractéristiques par continents

Les développements dans le monde des Instituts Confucius et des Classes Confucius au cours de la dernière décennie montrent les caractéristiques suivantes :

(1) Le nombre d'Instituts Confucius en Europe a toujours été en tête de classement ; le nombre de Classes Confucius reste plus ou moins stable, mais tous les deux connaissent une forte croissance.

(2) Le nombre d'Instituts Confucius en Amérique est également élevé, comparable à celui de l'Europe ; le nombre de Classes Confucius en revanche est extrêmement élevé, on en compte plus que dans l'ensemble des autres régions, il y a des baisses occasionnelles, mais le nombre total d'Instituts et de Classes Confucius occupe un rang élevé dans le classement.

(3) Le nombre d'Instituts Confucius en Asie se situe au milieu de la fourchette, mais l'élan de développement est rapide ; le nombre de Classes Confucius se situe en position médiane inférieure du classement, mais il manifeste une tendance d'accroissement régulier.

(4) Le nombre d'Instituts et de Classes Confucius en Afrique se situe dans la moyenne inférieure de la fourchette, mais leur développement a connu une croissance rapide ces dernières années.

(5) Le nombre d'Instituts et de Classes Confucius en Océanie est faible, même si leur développement est relativement stable ; le nombre de Classes Confucius a connu une augmente de manière significative.

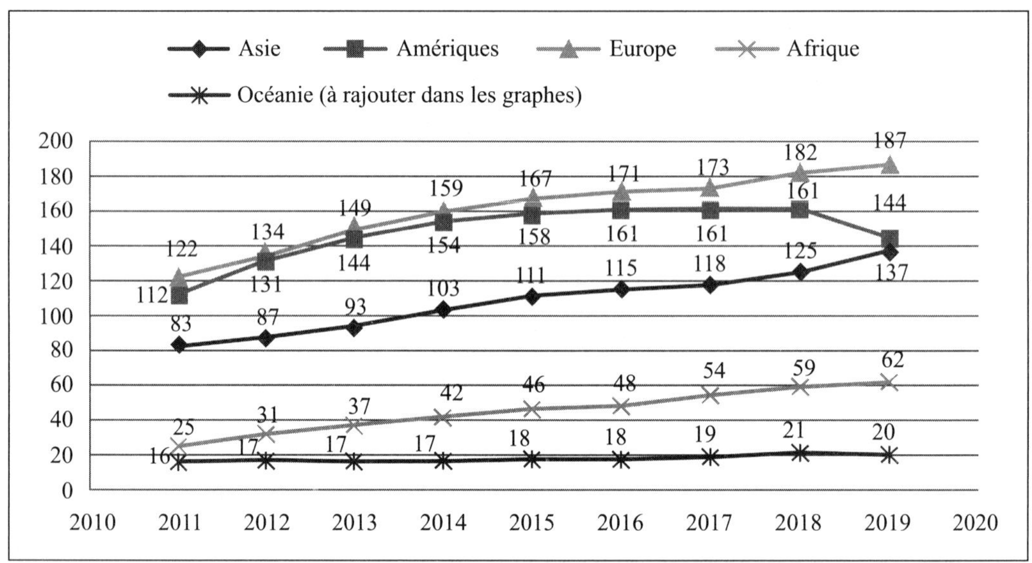

Figure 2 Développement des Instituts Confucius par continent

Si on résume, le développement des Instituts Confucius ou des Classes Confucius en Europe et aux États-Unis a connu parfois et par hasard, des rebondissemets mais la demande locale en matière d'enseignement international du chinois reste toujours énorme, et la coopération et les échanges sont toujours la norme. En Asie et en Océanie, le développement global de l'Institut Confucius et de Classe Confucius est relativement stable. Et de plus, en fonction des besoins particuliers de la région des Classes Confucius spécifiques ont été ouverts. L'Afrique er la Chine entretiennent des échanges étroits sue les plans de politique,d' économique et de commerce, mais les échanges linguistiques et culturels sont encore insuffisants, on devrait se concentrer sue le développement futur des Instituts Confucius.

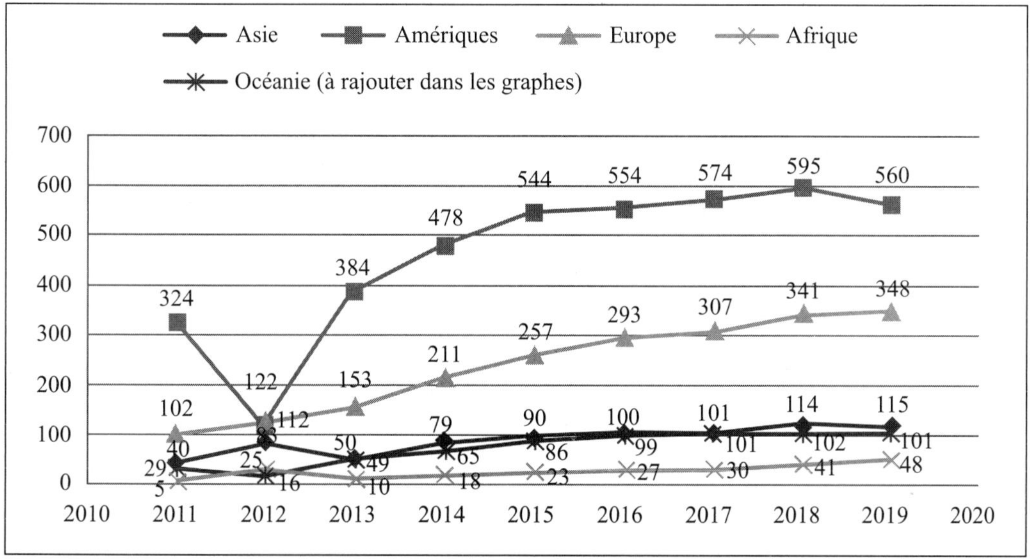

Figure 3 Développement des Classes Confucius par continent

En 2019, la répartition des Instituts Confucius et des Classes Confucius est la suivante : 550 Instituts Confucius ont été créés dans 152 pays et régions, dont 137 dans 37 pays et régions d'Asie (ce qui représente 25 % du nombre total, voir Figure 4), 62 dans 45 pays d'Afrique (11 %), 187 dans 41 pays d'Europe (34 %), 144 dans 24 pays d'Amérique (26 %) et 20 dans 5 pays d'Océanie (4 %). Il existe 1 172 Classes Confucius dans 93 pays et régions, dont 115 dans 24 pays d'Asie (10 %), 48 dans 20 pays d'Afrique (4 %), 348 dans 31 pays et régions d'Europe (30 %), 560 dans 13 pays d'Amérique (48 %) et 101 dans 5 pays d'Océanie (8 %) (voir la figure 4). Toujours en 2019, le nombre total d'étudiants en présentiel, toutes catégories confondues, était de 1,81 million, soit le même nombre qu'au cours des cinq dernières années et cinq fois plus qu'il y a dix ans ; il y avait 1,688 million d'étudiants en ligne, soit le double de l'année précédente. On constate que les parcours d'apprentissage du chinois soont divers, que les méthodes d'enseignement s'enrichissent et que les Instituts Confucius déjà établis répondent bien aux besoins individualisés des différents apprenants.

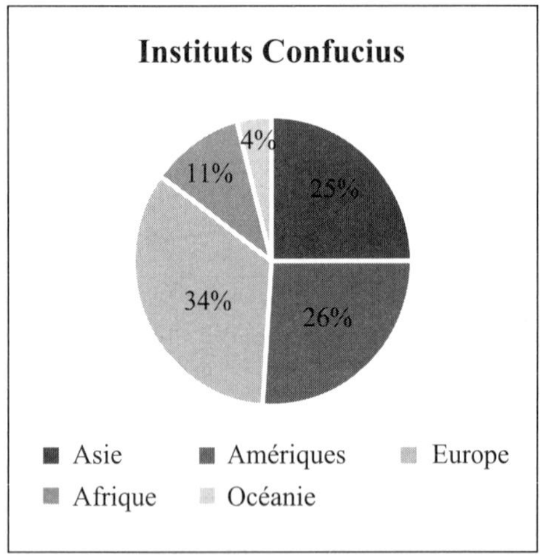

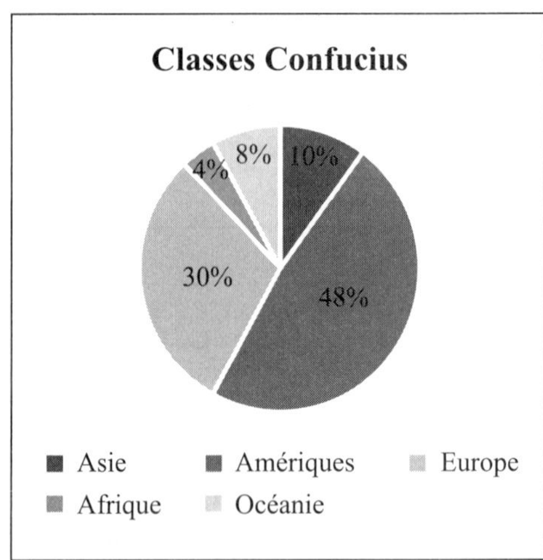

Figure 4 Répartition continentale des Instituts Confucius et des Classes Confucius en 2019

Les chiffres montrent qu'environ les deux tiers de l'ensemble des Instituts Confucius et des Classes Confucius sont toujours établis en Europe et aux États-Unis, que leur répartition en Asie est désormais proche de celle des Amériques même si ces dernières se positionnent devant elle, et qu'en Afrique, leur développement commence également à prendre forme.

Depuis que le siège des Instituts Confucius a lancé en 2013 un programme d'Instituts Confucius modèles, 48 établissements modèles ont été construits sur la planète, l'Europe en comptant 19. En 2019, le Royaume-Uni avait créé 30 Instituts Confucius et 165 Classes Confucius dans des écoles primaires et secondaires, ce qui représente respectivement 5,5 % et 14 % de leur nombre total dans le monde, et place le nombre d'établissements de la Grande-Bretagne en tête de l'Europe et au deuxième rang dans le monde.

Il convient de noter que depuis quelques années, les Instituts Confucius rencontrent des difficultés d'évolution en Europe et aux États-Unis, et que l'attention qui leur est accordée dans les médias occidentaux augmente, tout comme les idées fausses. Les critiques négatives dues à des malentendus ont enflé depuis 2014. Les différends portent principalement sur les perceptions biaisées des intentions des Instituts Confucius, de leur impact et de leur avenir, et ce scepticisme a posé quelques défis au bon fonctionnement de certains Instituts Confucius locaux. En Asie et en Afrique, cependant, le développement des Instituts et des Classes Confucius est prometteur. L'histoire de l'enseignement du chinois en Asie est longue et bien établie, et de plus en plus de pays et régions d'Asie du Sud-Est situés le long des Nouvelles routes de la soie montrent de nouveaux besoins pour des projets d'enseignement du chinois de type « chinois + compétences professionnelles ». On trouve des Instituts Confucius dans 80 % des pays d'Afrique, même si cela reste peu signifiant pour l'avancement de l'enseignement du chinois, et que le ratio demeure défavorable comparé aux autres régions du monde. Les spécificités nationales sont plus marquées dans les Instituts Confucius en Afrique, mais il y a une volonté d'incorporer le chinois dans les systèmes éducatifs nationaux. Les Instituts Confucius sont donc appelés à croître davantage en Afrique, où leur avenir est prometteur.

II. Modèles d'enseignement

1. Le programme d'attérissage à l'étranger

Afin de répondre à la demande de contenu standardisé pour l'enseignement du chinois dans les pays du monde entier, le Hanban, siège des Instituts Confucius en RPC, a promulgué en 2008 un *Curriculum international pour l'enseignement de la langue chinoise* (《国际汉语教学通用课程大纲》), qui a été traduit en 45 langues au cours des cinq années suivantes. Il sert de guider le travail de l'enseignement du chinois dans les universités, les écoles secondaires et primaires, et il sert de référence aussi pour les Instituts et Classes Confucius du monde. Le *Curriculum* démêle et décrit les objectifs et les contenus des programmes d'enseignement de chinois langue seconde. Il fournit des modèles et des standards qui permettent de rédiger les plans d'études et les critères des évaluations sur les compétences linguistiques des apprenants, mais aussi de créer du matériel pédagogique. Une révision du *Curriculum* a été lancée en 2013 pour qu'il s'adapte plus facilement aux changements intervenus dans l'enseignement du chinois à l'internationale, qu'il tienne compte en temps voulu des résultats de la recherche en la matière, et qu'il permette de mieux planifier et guider la conception des cours de chinois, du matériel pédagogique et de l'évaluation des compétences.

Afin de rendre l'enseignement du chinois intégrée en douceur et efficacement dans les systèmes éducatifs publiques d'un plus grand nombre de pays, d'atteindre l'objectif de localisation de l'enseignement du chinois et de résoudre le problème que le *Curriculum* ne peut pas être directement mis en oeuvre à l'étrangers. Tout en prenant le *Curriculum* comme guide de base, le Département pour les affaires des Instituts Confucius de l'Université des langues et cultures de Pékin, élabore des *Curriculum international pour l 'enseignement de la langue chinoise et des planification des leçons* qui s'adaptent aux pays locaux, selon les pratiques réelles del'enseignement du chinois dans les écoles locales de niveaux primaires et secondaires dans les pays sélectionnés, et ce sont les pays représentatifs, typiques, et importants. Il est prévu d'intégrer et de coordonner les standards, les modèles et méthodes pédagogiques du chinois avec les systèmes éducatifs publiques, et d'y introduire par le biais des canaux d'éducation officiels nationaux.

D'ici la fin de 2019, le projet a été réalisé dans dix pays sur les six continents : États-Unis et Canada en Amérique du Nord, Chili en Amérique du Sud, Espagne et Bulgarie en Europe, Nouvelle-Zélande en Océanie, Cameroun et Zambie en Afrique, Thaïlande et Kirghizistan en Asie. Les résultats obtenus jusqu'à présent sont les suivants : le Programme d cours en chinois de la maternelle à la 5e année primaire et celui de la 6e à la 12e année du collège aux États-Unis, le Programme d'enseignement de la 1re année à la 4e année du secondaire au Chili, le Programme d'enseignement de la 3e année et 4e année collège au Caméroun, un programme d'enseignement du chinois basé sur des tâches en Nouvelle-Zélande, et le Programme d'enseignement du chinois à l'école secondaire en Zambie.

Le projet d'atterrissage à l'étranger du *Curriculum international pour l'enseignement de la langue chinoise* suit de près les exigences en matière d'enseignement des langues étrangères/du chinois dans les pays cibles du projet. Le projet requiert que les programmes nationaux conservent les systèmes scientifiques et les contenus de base du *Curriculum*, en même temps, on adopte le mode de rédation qui est aimée par la population locale, acceptée par les écoles primaires et secondaires, et soutenue par l'autorité officiele. Les contenus choisis sont entrés ensuite comme sous-catégories dans le *Curriculum* puis le programme est inclus dans les systèmes d'éducation publiques nationaux, permettant ainsi à l'apprenant de chinois, notamment aux jeunes enfants du primaire et du secondaire, d'apprendre le chinois de manière scientifique et systématique dans un environnement proche, tout en expérimentant les enchantements de la culture chinoise. Si la mise en œuvre du programme d'attérissage, cela contribuera à former une nouvelle génération de personnes qui connaissent et amie avec la Chine, à établir de façon insensible l'image de la Chine et, ce qui permettra également d'étendre l'influence de la Chine dans le monde.

2. L'Institut Confucius en ligne

L'Institut Confucius en ligne (www.chinesecio.com) est un site d'enseignement du chinois construit par le siège des Instituts Confucius en 2008, visant à utiliser pleinement Internet, les mégadonnées ou big data, l'intelligence artificielle et autres nouvelles technologies et nouveaux modes pour réaliser des projets de cours en ligne. Une plateforme d'apprentissage en ligne a été créée pour les apprenants de chinois du monde entier, qui fournit aussi nombre de ressources culturelles aux amateurs de la culture chinoise. L'Institut Confucius en ligne propose ce jour plus de 5 500 MOOC et micro-leçons, des 143 cours se répartissant en 8 grande catégories, concernant des sujets suivants : l'apprentissage du chinois, le test pour la langue chinoise, la vue d'ensemble de la Chine, la culture tradionnelle , la formation des enseignants, le chinois professionnel, et les conférences des experts. Qui intègrent le cours à la demande, cours en direct, l'enseignement interractif, les outils pédagogiques intellegents,et le système de gestion des cours, fournissan des services à plusieurs niveaux pour l'enseignement, l'apprentissage, le test et la formation des enseignants, maximisant ainsi les besoins des apprenants du chinois dans le monde entier pour apprendre le chinois n'importe quantd, n'importe où. Il s'agit, selon les catégories, de combinaisons de classes à la demande, de classes en direct, d'enseignement interactif, d'outils d'enseignement intelligents et de systèmes de gestion de cours. L'Institut Confucius en ligne fournit comme on le voit quantité de services à plusieurs niveaux, soient-ils d'enseignement, d'apprentissage, d'examens ou de formation, pour répondre au mieux aux besoins des apprenants de chinois du monde entier, et permettant d'apprendre à tout moment et en tout lieu.

D'ici la fin 2019, l'Institut Confucius en ligne avait enregistré 1 688 000 étudiants, le nombre cumulé de visites à l'Institut Confucius sur Internet est de de 12,02 millions, plus de 4 000 enseignants sont en charge, de plus de 300 000 cours en ligne et plus de 7 000 didacticien d'étude. Par exemple, afin de faciler l'utilisation les sites d'Internet chez les apprenants internationals du chinois, le site de « 900 phrases de chinois» fournit ces 900 phrases traduites en englais, français, russe espagnol , coréen, japonais , arabe et birman, au tottal 19 langues.

3. Le Chinois +

Ces dernières années, les demandes des personnes plus spécialisés parlant chinois se sont diversifiées, tandis que les objectifs, les contenus et les modes d'enseignement des Instituts Confucius se mettent à changer suivant cette réalité. Comme de plus en plus de pays ont besoin des personnes de compétences composée, de type « chinois + technologie » « chinois + commerce ». Alors les Instituts Confucius étant dans l'air du temps, « chinois + » dans le but d'aider les différents pays du monge à former des personnes de compétences composées.

Par exemple, l'Institut Confucius de l'Université Kansai Gaidai au Japon propose un cours de chinois pour hôtesses de l'air, qui a débuté en 2017 et s'adresse aux étudiantes de l'université qui ont réussi le test de compétence en langue chinoise (HSK) de niveau 4 ou plus, et qui ont l'intention de travailler dans le domaine de l'aviation à l'avenir. Le premier cours pilote proposait 30 places par semestre et a affiché complet dès son lancement. Au semestre d'automne 2019, ce cours de chinois pour hôtesses de l'air dure depuis 3 années consécutives et, soit six semestres, la classe avait été doublée, et plus de 180 étudiantes avaient suivi ce type de cours. En même temps, cet Institut Confucius s'est concentré autour du thème de l'emploi, et a intégré étroitement l'apprentissage de la langue chinoise et futur emploi. Les cours sur le chinois pour les affaires, le chinois pour la médecine, des études pour une carrière professionnelle internationale ont été ouverts les uns après les autres.

La Conférence internationale sur l'enseignement du chinois de 2019 a aussi organisé le premier forum sur le « chinois + compétences professionnelles ». Des entreprises et des experts en éducation de Chine et du monde avaient été invités pour discuter de la meilleure manière pour développer des concordances entre emplois, création d'emplois, et entreprises. Les délégués ont exprimé de nombreux points de vue et ont eu des discussions animées sur le développement durable du projet « chinois + ». Les résultats de la discussion commencent à se faire sentir. Aujourd'hui, plus de 100 Instituts Confucius dans plus de 40 pays du monde proposent des cours de « chinois + » concernant des dizaines de domaines tels que les trains à grande vitesse, les affaires et le commerce, l'aviation, etc. À l'avenir, ces programmes « chinois + » continueront d'innover et de se développer afin d'offrir davantage de possibilités d'apprentissage à visée professionnelle en chinois aux étudiants du monde.

III. Magazines multilingues

La Revue multilingue de « Institut Confucius » est une série de publications parrainées par le siège des Instituts Confucius (Hanban) et publiée en plusieurs langues. En mars 2009, la première version de ladite revue a paru dans une version chinois-anglaise. Afin d'enrichir les contenus, d'élargir les perspectives internationales et de répondre aux besoins diversifiés des apprenants internationaux, en matière d'apprentissage du chinois et de compréhension de la culture chinoise, les éditions bilingues de revues en 10 langues et en chinois ont été lancées l'une après l'autres en 2010, voilà en chinois-allemand, arabe, coréen, espagnol, français, italien, japonais, portugais, russe et thaï. Fin 2019, chacune des éditions bilingues de la revue a une diffusion mondiale de quelque 200 000 exemplaires, soit sept fois plus que lors du lancement initial, la revue est envoyés publiquement dans plus de 160 pays et régions, 20 pays s'étaient ajoutés en 2018, 40 en 2014, et il y a plus de un million de lecteurs. La revue « Institut Confucius » a été présenté à de nombreuses expositions internationales de premier plan telles que la Foire du livre de Francfort, Expolangues à Paris ou encore le Festival international des langues au Maroc. À chaque fois, la revue a reçu un accueil chaleureux.

La revue « Institut Confucius » présente avant tout la culture chinoise, mais on y trouve des reportages sur les activités organisées dans divers Institut Confucius, les présentations sur l'enseignement et l'apprentissage du chinois et les histoires sur les échanges humains entre la Chine et monde. En tant que la revue multilingue rédigée, éditée et diffusée en Chine, la revue « Institut Confucius » est unique parmi les revues qui se mondialisent. Et devenant ainsi une carte de visite brillante pour la communication interculturelle et un manuel vivant pour le peuple de tous les pays dans l'apprentissage du chinois et dans la compréhension de la Chine. En 2016, la revue « Institut confucius » est élue comme l'une de « 100 plus beaux périodiques » par l'Association chinoise des périodiques, la Revue chinoise l'Almanach magazine, et la Foire au commerce de magazines chinois. En 2017, Le « stand du magazine chinois » organisé pour la première fois par l'Administration d'Etat de la presse, des publications, de la radio, du cinéma et de la télévision, a été présenté à la Foire du livre de Francfort. 11 magazines bilingues étaient présentés pour la première fois à la Foire du livre de Francfort, qui ont fait l'objet de nombre d'appréciations positives et de commentaires enthousiastes. La revue « Institut Confucius » envisage de faire sortir à l'étranger ses publications imprimées, et en même temps, ladite revue se met à explorer activement la transformation de l'intégration dans des médias. Créant même un site « Internet + » interactif avec diverses plateformes pour l'ensemble des données des Instituts Confucius, accessible par WeChat, ou sur une App dédiée, en ligne ou hors ligne. En résumé, la revue « Institut Confucius » a « les médias papier comme corps, le site internet et les nouveaux médias comme ailes ».

En 2019, les Instituts Confucius continuent de se développer de manière stable et régulière grâce à leur activité principale qu'est l'enseignement du chinois, mais leurs modes de fonctionnement et de formation sont plus diversifiés. Al'heure actuelle, les Instituts Confucius se trouvent dans une période clé pour le développement de la connotatio, l'intégration profonde et l'élévation de la marque. A l'avenir, les Instituts Confucius continueront à se concentrer sur la tâche principale de l'enseignement international du chinois, à s'intégrer activement dans la région locale, à promouvoir et à renforcer l'attribut éducatif. A travers l'élargissement de l'accès aux sources de financement et aux autres resources, réaliseront l'amélioration de la qualité et l'élévation de l'éfficacité dans la réfome institutionnelle. Sous la direction de la politique et avec la coordination générale, il nous faut soutenir globablement la mise à niveau et la transformation des Instituts Confucius. Grâce à la création des fondations privées internationales et à celle du centre d'échange et coopération en langues sino-étrangères, la promotion des fonctionnements des Instituts Confucius de manière privés et du marché, en tant que la marque mondiale d'éducation au bien-être public, permet au Instituts Confucius de réaliser davantage la transformation, la mise à niveau et le développement dans le sens de la localisation endogène.

À l'avenir toujours, le développement des Instituts Confucius aidera à perfectionner et compléter le système de formation universitaire pour les étudiants en premier cycle, en master ou en doctorat dans l'enseignement international du chinois, le siège des Instituts Confucius encouragera à établir des instituts pour la formation des enseignants du chinois dans les universités en Chine, il travaillera avec les départements concernés pour étudier et formuler la nouvelle politique visant à optimiser le traitement des enseignants chinois et des bénévoles envoyés travailler à l'étranger, il soutiendra les experts chinois et étrangers dans la mise en oeuvre conjointement des projets de création de matériel pédagogique de haute qualité, il améliorera et affinera la série de normes sur l'enseignement international du chinois, il améliorera les normes de qualification des enseignants internationaux du chinois, il continuera d'encourager et de soutenir toutes sortes d'écoles, d'entreprises, d'organisations sociales anisi que les individus, il encouragera plus particulier, les universités chinoises et étrangères à participer davandage à la construction des Instituts Confucius et au travail de l'enseignement international du chinois par le moyen de créer conjointeent les fondations, afinque l'Institut Confucius joue un rôle plus important et plus complet dans la gestion des établissements.

(Auteure : CHEN Lixia 陈丽霞, Université des langues et cultures de Pékin)

Partie III Rapports régionaux

Enseignement international du chinois en Asie

I. Situation générale

L'enseignement du chinois en Asie en 2019 peut se résumer par deux mots-clés : « à la mode » et « nouveau ». « À la mode » parce que la popularité de la langue chinoise se poursuit sans relâche, et « nouveau » du fait que l'enseignement international du chinois ne cesse d'innover en termes de qualité et d'efficacité, de transformation et de mise à niveau. Ceci est démontré par ce qui suit :

1. Les pays où le chinois est intégré au système éducatif national continuent d'augmenter

Fin 2019, 69 pays et régions du monde, suite à des décisions politiques ou institutionnelles, avaient intégré le chinois comme élément important dans leur système éducatif national, certains pays incluant le chinois comme l'une des disciplines linguistiques pour les examens d'entrée à l'université, d'autres positionnant le chinois dans un cursus en langue étrangère complet allant de la maternelle à l'enseignement supérieur. Son insertion dans un système éducatif national souligne le statut international du chinois, et l'amélioration des standards linguistiques du chinois est à l'ordre du jour.

Après le Japon, la Corée du Sud, les Philippines, la Thaïlande, la Malaisie et Singapour, d'autres pays comme l'Arabie saoudite, les Émirats arabes unis et la Géorgie ont annoncé en 2019 avoir intégré le chinois dans leur système éducatif national. L'Arabie saoudite a annoncé le 23 février que le chinois sera inclus dans les programmes de tous les niveaux éducatifs du royaume afin de diversifier les choix discplinaires ; les Émirats arabes unis ont annoncé le lancement officiel de programmes de langue chinoise dans une soixantaine d'établissements publics du pays, de la maternelle au lycée, à partir de septembre 2019, et le Ministère de l'Éducation des Émirats arabes unis prévoit de recruter 150 professeurs de chinois en 2019-2020 et d'étendre l'enseignement du chinois à 200 établissements. Début 2019, un mémorandum de coopération pour la promotion de l'enseignement du chinois a été signé entre la Chine et la Géorgie à Tbilissi, officialisant ainsi l'intégration de l'enseignement du chinois dans le système éducatif national géorgien.

2. Augmentation et créations de nouveaux Instituts Confucius et Classes Confucius

Les Instituts Confucius continuent de s'étendre géographiquement, et de nouveaux établissements sont créés dans les pays situés le long des Nouvelles routes de la soie. En 2019, 137 Instituts Confucius avaient été créés dans 37 pays d'Asie et 115 Classes Confucius dans 24 pays.

Durant l'année 2019, 27 nouveaux Instituts Confucius et 66 Classes Confucius ont vu le jour, dont quatre en Asie, à savoir le Centre de langue chinoise de l'Université des langues étrangères de Pyongyang en Corée du Nord, le Centre pour le chinois de l'Institut Villa aux Maldives, l'Institut Confucius de l'Université de Jeddah en Arabie saoudite et la Classe Confucius de l'École de commerce de Timor-Leste. Lors de la Conférence internationale sur l'enseignement international du chinois en décembre 2019, des cérémonies d'inscription de nouveaux Instituts Confucius et Classes Confucius ont eu lieu en Indonésie, aux Philippines, en Géorgie, en Arabie saoudite, aux Maldives et au Timor Oriental.

3. Augmentation du nombre d'apprenants de chinois

En 2019, le PIB de la Chine a atteint 14 000 milliards $ US, qui continue de renforcer la position de la deuxième économie mondiale. Le développement économique rapide et l'augmentation régulière de la puissance nationale globale ont entraîné une demande croissante de spécialistes de la langue chinoise à l'étranger. Dans le même temps, en Asie, le nombre croissant de pays participant à la construction des « Nouvelles routes de la soie » a stimulé plus avant le développement de l'enseignement international du chinois.

En 2019, ceux qui ont les besoins indispensables pour apprendre le chinois continue de croître. Les chiffres ont atteint à plusieurs reprise de nouveaux sommets, le nombre d'apprenants de chinois dans le monde dépassant les 150 millions. En Asie, la Malaisie en compte plus de 600 000 et, en 2019, l'Institut Confucius de l'Université de Malaya a enregistré à lui seul 12 000 apprenants. D'autre part, la Thaïlande compte plus d'un million d'apprenants, le Japon a dépassé les deux millions et la Corée du Sud annonce dix millions d'apprenants, ce qui fait de ce pays celui ayant le plus grand nombre d'apprenants de chinois au monde.

Les apprenants de chinois peuvent être différenciés selon plusieurs caractéristiques :

(1) Pour certains apprenants, ils passent des passe-temps personnels aux besoins de développement personnel. Puis ces personnes ont peu à peu pris conscience qu'apprendre le chinois peut leur permettre d'améliorer sa compétitivité dans le lieu de travail, c'est la raison pour laquelle ceux qui ont le besoin indispensabe pour apprendre le chinois deviennent de plus en plus.

(2) Les demandes pour des cours de « chinois + » sont considérables, en particulier la demande pour du « chinois + compétences professionnelles », qui augmente de façon de l'éruption d'un puits. Ce qui montre qu'une formation duale « chinois + spécialisation », professionnelle ou autre, est une demande pratique importante, notamment dans les pays asiatiques.

(3) Les apprenants sont de plus en plus jeunes, et de plus en plus nombreux dans les établissements primaires et secondaires, et ce même dans les écoles maternelles.

(4) Le nombre d'apprenants en ligne augmente également, et on constate un intérêt grandissant pour les applications et autres sites permettant l'apprentissage du chinois sur internet de même que pour l'intelligence artificielle.

4. Expansion et diversification des modes de gestion des établissements enseignant le chinois

Le marché de l'apprentissage du chinois est en plein essor dans des pays tels que la Corée du Sud et la Thaïlande, où l'enseignement du chinois s'est étendu des universités aux établissements primaires et secondaires, voire aux écoles maternelles, avec une différenciation croissante des spécificités des apprenants en fonction de leur niveau et de leur âge. Les établissements proposant des cours de chinois non seulement sont des universités, des écoles secondaires et primaires mais aussi les collèges professionnelle et les établissements de formaton sociale. La demande de contenu d'apprentissage ne n'est concerne pas seulement la langue chinoise elle-même, mais aussi le « chinois + profession », et autres besoins d'apprentissage spécialisés et personnalisés qui augmentent rapidement. Les méthodes d'apprentissage comprennent l'enseignement face à face en classe, dans les établissements, des enseignements individuels, et des cours en ligne, certains assistent aux cours pendant la journée, tandis que d'autres étudient à travers des coursde bachotage le soir. Le nombre croissant d'apprenants a conduit à une expansion continue des inscriptions dans les institutions déjà établies, et il a également engendré la création de nouvelles structures d'enseignement.

La disparité des besoins d'apprentissage a conduit à une diversification croissante des modalités des prestations des écoles. Certaines écoles ont décidé de s'allier avec d'autres, d'autres ont adopté un partenariat école-entreprise, l'idée étant d'offrir les meilleures possibilités de développement pour les apprenants. En particulier, les cours « chinois + spécialisation » ont connu une croissance exponentielle en 2019. L'institut Confucius de l'Université de Katmandou au Népal, par exemple, a organisé une classe de formation « chinois + réparation automobile » de mars à mai ; l'Institut Confucius de l'Université de Téhéran en Iran a proposé une formation professionnalisante « chinois + compétence professionnelles » ; l'Institut Confucius de l'Université de Malaya, en Malaisie, a collaboré avec la Banque Negara Malaysia, la compagnie Petronas, le Ministère malaisien de l'Intérieur, le Département de la Police royale et le Département de l'Immigration, pour proposer des cours de « chinois + affaires de police », « chinois + droit », « chinois + commerce », et « chinois + douanes aéroportuaires ». Le 14 novembre 2019, l'Institut Confucius de l'Université de Malaya toujours, lancera une série de cours spéciaux dont la scociété a besoin d'urgence, « chinois + profession » (avec pour thèmes la télécommunication, l'internet des objets, le big data, etc.) en coopération avec la compagnie chinoise ZTE Education Management Co. En Thaïlande, entre autres pays, les cours « chinois + métier » des écoles professionnelles qui coopèrent avec des écoles de même nature en RPC sont de plus en plus appréciés par les apprenants. Les gouvernements espèrent également pouvoir combiner ces formations professionnelles avec des tests de certification liés.

5. Amélioration significative de la qualité et de l'efficacité des apprentissages et de l'enseignement

Pour faire face à ce prodigieux groupe d'apprenants révélé en 2019, une attention particulière doit être portée à l'amélioration de la qualité de l'enseignement et à la validation d'un système de normes pour l'enseignement international du chinois.

Les 'trois aspects de l'instruction' (三教) auxquels on se réfère volontiers lorsqu'on parle d'enseignement du chinois, à savoir, le corps enseignant (师资), le matériel pédagogique (教材) et la méthodologie (教法), sont des sujets de recherche développés depuis longtemps mais qui suscitent de nouvelles questions suite d'abord à la venue d'étudiants asiatiques en Chine pour qui, malgré une culture plus ou moins commune, le chinois reste une langue étrangère, mais aussi, en deuxième lieu, grâce à des échanges internationaux plus fréquents. Plutôt rondement gérées et ne posant pas vraiment question en Chine, le problème de ces trois aspects reste important, dans le reste du monde, surtout dans les pays connaissant un grand nombre d'apprenants de chinois, regardons-les de manière holistique, le problème de trois aspects est dans le état de développement en spirale.

Il existe deux sources pour les enseignants qui travaillent hors de Chine, une partie entre eux sont envoyés par la Chine, l'autre partie des professeurs sont formés dans leur pays de résidence. Alors en ce qui concerne les enseignants de chinois, la spécialisation et localisation seront l'orientation de la formation des futurs enseignants en 2019. Les postes proposés par le Hanban pour les nouveaux volontaires se montent à 5 885 mandats. De nombreuses universités et autres établissements supérieurs en Chine ont organisé plusieurs sessions de formation pour ces enseignants volontaires, comme par exemple commandé par pour le Siège des Instituts Confucius (Hanban) l'Université des langues et cultures de Pékin, qui, fin 2018, a organisé une formation avant l'emploi pour 307 enseignants volontaires venus de 94 institutions scolaires, de 27 provinces, qui étaient tous sur le point de partir départ pour des charges d'enseignement du chinois aux écoles primaires et secondaires en Corée du sud. Le 21 mars, l'Université normale de Hainan a formé 100 enseignants volontaires au nom du Siège des Instituts Confucius (Hanban) qui seront envoyés en Thaïlande. En 2019, certains pays se concentrent sur la formation des enseignants locauxde de la langue chinoise, par exemple, en Malaisie, dans le but de former les enseignant de chinois qui sont actuellement en nombre insuffisant, l'Institut des langues, l'Institut pédagogique, et l'Institut Confucius de l'Université de Malaya, en collaboration avec l'Université des langues étrangères de Pékin, ont mis en place un programme de formation en master pour l'enseignement international du chinois. Et en décembre 2019, plus de 50 enseignants de chinois népalais se sont rendus à Beijing International Chinese College (北京国际汉语研修学院 BICC) pour participer à la formation 2019 organisée pour eux en Chine. De manière générale, et ce même si le nombre d'enseignants a augmenté à près de 5 millions d'enseignants de chinois dans le monde, la demande d'enseignants à l'internationale reste inférieure à l'offre, quelle que soit l'approche adoptée.

En termes de ressources pédagogique, les manuels traditionnels continuent de jouer un rôle actif, mais l'intérêt pour les publications adaptées aux pays et aux régions, ou encore pour le « chinois + », est devenu l'un des axes d'intérêt porteur dans la rédaction de matériel d'enseignement. Sous la direction du concept de narmalisation, localisatin, et diversification du matériel didactique chinois, de nouveaux progrès ont été réalisés dans la rédaction du matériel pédagogique normalisé pour l'enseignement du chinois adapté à l' utilisation à l'étranger, du matériel pédagogique localisé ayant développé par la coopération sino-étrangère. Après avoir intégré le chinois dans son systme d'éducation nationale, les Émirats arabes unis en 2019, a utilsé les manuels rédigés conjointement par le Ministère de l'Éducation des Émirats arabes unis et le Hanban. Les deux instances collaborent également pour développer un ensemble de supports culturels qui aideront les étudiants du lieu à mieux comprendre divers aspects de la société chinoise.

En termes de méthodes et pratiques d'enseignement, l'enseignement hors ligne est toujours le mode d'enseignement traditionnel. Mais les nouvelles technologies favorisent l'essor de cours en ligne, et le modèle hybride d'enseignement en ligne et hors ligne a émergé. La construction de ressource pédagogiques en ligne est imminente. Les enseignants adoptent consciemment une variété de modes et méthodes d'enseignement adaptés aux objets d'enseignement culturels du pays d'accueil dans leur enseignement. L'enseignement basé sur les tâches, pédagogie thématique, pédagogie situationnelle, enseignement par jeu, et l'enseignement expérientiel sont beaucoup appréciés et se fonctionnent assez bien.

6. Nombre record de candidats aux tests HSK

En Asie, un nombre record de candidats s'est inscrit aux tests de compétence HSK. Au Sri Lanka, 102 candidats ont passé les premiers examens HSK et HSKK de 2019 organisés à l'Institut Confucius de l'Université de Kelani le 12 janvier ; en Birmanie, 1 058 candidats ont passé le premier examen HSK de l'année 2019 organisé par la Classe Confucius de Fuxing le 11 mai ; en Thaïlande, le premier test HSK de 2019 organisé par la Sukhothai Province Light Middle School et la Khamphu Phet Saputi School a compté à lui seul 506 étudiants inscrits, soit le nombre le plus élevé jamais enregistré ; la deuxième session HSK, HSKK et YCT de 2019 organisés par l'Institut Confucius à l'Université royale des enseignants de Mangsund Chao Phraya le 24 février a compté 1 420 candidats. Et à l'Institut Confucius de Phuket, le nombre total de candidats ayant passé les examens HSK en 2019 a atteint 12 327, un nombre total de candidats qui dépasse l'ensemble des candidats de tous les Instituts Confucius de Thaïlande. Au Vietnam, l'Institut Confucius de l'Université de Hanoi a organisé un premier examen HSK en janvier 2020, avec 1 250 candidats. Au Japon, 34 108 candidats ont passé un test HSK en 2018 et on prévoit qu'ils seront plus de 40 000 en 2019. Bien qu'aucun chiffre précis ne soit disponible, il est incontestable que le nombre de candidats a atteint un nouveau record. Pour prendre un dernier exemple, l'Institut Confucius de l'Université des études étrangères de Kansai, au Japon, a organisé sa deuxième session de tests HSK le 13 juillet 2019, avec 884 candidats inscrits, dont 867 ont effectivement passé le test, là aussi, il s'agit d'un nombre record de candidats ayant effectivement participé aux tests.

II. L'enseignement du chinois dans deux pays asiatiques : la Thaïlande et la Corée du Sud

1. L'enseignement international du chinois en Thaïlande

Le chinois a été introduit très tôt dans le système éducatif national et est devenu la deuxième langue étrangère la plus parlée en Thaïlande. Il existe 16 Instituts Confucius et 20 Classes Confucius dans le pays, avec un total de plus de 17 000 enseignants chinois bénévoles travaillant dans plus de 1 000 écoles, collèges et universités dans 73 provinces. L'enseignement du chinois en Thaïlande continue de se développer rapidement. En 2019, 3 500 établissements proposent des cours de chinois, on compte 6 500 enseignants de chinois originaires du pays ou envoyés par la RPC et 890 000 apprenants de chinois inscrits dans les écoles.

Les principales caractéristiques de l'enseignement international du chinois en Thaïlande en 2019 :

(1) Une énorme demande de formation « Chinois + profession »

Le projet des « Nouvelles routes de la soie », la planification d'un corridor économique thaïlandais et la ligne ferroviaire à grande vitesse Chine-Thaïlande en cours de construction ont augmenté les opportunités de trouver du travail pour les jeunes. Ils sont de plus en plus nombreux, notamment les élèves des écoles professionnelles, à vouloir être formé dans un domaine professionnalisant tout en apprenant le chinois spécifique utile pour le futur métier choisi, ce qui a rendu le « Chinois + spécialisation » très populaire. Pour répondre à la demande, le Comité pour l'enseignement professionnel thaïlandais a élaboré un manuel adapté intitulé *Le Chinois pour communiquer* (《通讯汉语》). En outre, la Chine et la Thaïlande se sont associées pour organiser des formations liées aux écoles professionnelles. Par exemple, en août 2019, 69 étudiants thaïlandais ont participé au « Programme de bourses du gouvernement municipal de Tianjin pour une éducation professionnelle en Thaïlande » dans le cadre du programme « Les meilleurs apprenants de chinois en formation professionnelle de Thaïlande » à l'Université normale de Tianjin et ont terminé le programme avec succès.

(2) Nouveau nombre record de personnes inscrites aux tests de niveaux HSK

Les tests de niveau de chinois (HSK) ont formé un effet de marque en Thaïlande, et le nombre de participants aux tests a atteint le chiffre record de plus de 100 000 candidats. Une conférence de travail sur les tests de chinois en Thaïlande s'est tenue à Bangkok le 27 avril 2019, y ont participé plus de 50 directeurs et examinateurs de 23 Instituts Confucius (ou Classes Confucius) et centres de test de tout le pays. L'édition 2019 des examens HSK tenue à l'Institut Confucius de Phuket a dépassé, pour la première fois, les 10 000 candidats, 10 185 inscrits pour être précis. En 2019, l'Institut Confucius de Chiang Mai a organisé 92 sessions HSK dans 23 centres de tests on compte 10 059 candidats, auxquelles se sont ajouté 2 021 candidats de la classe Confucius Chong Hua Freshman, voilà un autre nouveau record historique. Il existe trois types d'examens de chinois à l'Institut Confucius de Chiang Mai : les examens de niveaux de chinois (HSK), les examens de niveau pour les jeunes (YCT) et les examens pour l'oral (HSKK), avec des candidats de tous âges, des enfants aux personnes âgées.

(3) Une attention sans précédent au développement du corps enseignant

En 2019, la Chine a envoyé un total de 17 169 enseignants de chinois bénévoles en Thaïlande, engagés dans établissements primaires, secondaires et universitaires, dans 17 provinces.

D'autre part, deux programmes de formation pour les enseignants de chinois d'origine thaïlandaise, le premier programme est de faire venir en Chine des enseignants thaïlandais pour participer à la formation, le deuxième est le programme de formation en Thaïlande, ces deux programmes ont renforcé la formation des enseignats de chinois en Thaïlande. Diverses autres formations ont eu lieu. En avril, le programme de perfectionnement pour les enseignants thaïlandais envoyés par le Bureau de l'éducation de Bangkok s'est tenu à l'Université normale de Tianjin, une vingtaine d'enseignants thaïlandais y ont participé. Le même mois, 18 enseignants de l'Institut d'enseignement professionel agricole du Nord de la Thaïlande se sont rendus à l'Institut de technologie professionnelle de l'énergie du Shaanxi pour assister une formation d'une semaine sur la langue et la culture chinoises. En Thaïlande même, l'Institut Confucius de l'Université Yisan Kham a organisé une formation pour les enseignants de chinois thaïlandais du 18 au 19 janvier 2019, avec un total de 53 participants venus de 41 établissements d'enseignement. Du 25 mars au 3 avril 2019, la Commission de l'enseignement professionnel de Thaïlande du Ministère de l'Éducation a organisé un cours de formation de chinois pour ses enseignants. Soixante-quatorze enseignants venant de 44 provinces de Thaïlande y ont participé. Du 12 au 13 décembre 2019, l'Institut Confucius de l'Université de Chiang Mai et d'autres institutions en Thaïlande ont organisé la « Formation des enseignants de chinois du nord de la Thaïlande et séminaire international sur l'enseignement du chinois en Asie du Sud-Est (Chiang Mai) », auquel près de 100 enseignants de chinois thaïlandais venant de 10 provinces du nord de la Thaïlande et de Bangkok ont participé.

2. L'enseignement international du chinois en Corée du Sud

Les échanges commerciaux et économiques sont devenus plus fréquents entre la Chine et la Corée du Sud, de plus en plus d'entreprises sud-coréennes accordent plus d'attention à la capacité de la langue chinoise chez les candidats lors des recrutements, et l'apprentissage du chinois en Corée du Sud continue de s'intensifier en 2019. Selon des statistiques incomplètes, il y a plus de 10,6 millions de personnes qui apprennent la langue chinoise et ses caractères en Corée du Sud sur une population de 50 millions d'habitants, ce qui est le nombre le plus élevé des apprenants du chinois au monde. En 2019, 23 Instituts Confucius et 5 Classes Confucius ont été ouverts en Corée du Sud.

Selon les données de l'Agence sud-coréenne des statistiques, le nombre de personnes apprenant le chinois quelle que soit la méthode d'apprentissage a augmenté de 16,2 % en 2019 par rapport à 2018. Le marché de l'enseignement du chinois en Corée du Sud a dépassé les 700 milliards de Won sud-coréen (KRW), soit environ 4 milliards de RMB, en 2018.

En 2019, l'enseignement du chinois en Corée du Sud est toujours axé sur l'apprentissage du chinois ordinaire et du « chinois + spécialisation ». Il est particulièrement intéressant de mentionner que la Corée du Sud attache une grande importance à la localisation de matériel pédagogique. Les experts sud-coréens ont rédigé et publié un grand nombre de matériel pédagogique les manuels vunus de la Chine et ceux propre à la Corée du Sud représentent chacun la moitié du total. Les ventes de matériel pédagogique chinois a augmenté d'année en année, on compte 180 types de supports. Mais les sud-Coréens préfèrent enseigner appredre le chinois avec de leurs propres manuels, et le manuel de la langue chinoise le plus vendu en 2019 reste *Delicious Chinese* (《美味汉语》), un manuel de chinois pour le cours oral intensif rédigé et publié par l'Institut de recherche sur le chinois JRC de Corée du Sud (韩国JRC汉语研究所).

En outre, le nombre de candidats passant les examens de niveau de chinois HSK continue à battre le record, en particulier ces dernières années, durant lesquelles ce nombre a augmenté à un rythme d'environ 200 par an pour se classer au premier rang mondial en 2019, année où plus de 110 000 personnes ont passé les tests.

III. Réflexions sur le développement

La « fièvre du chinois » se poursuit en Asie en 2019, et l'enseignement international du chinois, tant en termes de planification politique que d'évaluation de la discipline, a obtenu des résultats encourageants. Pour l'avenir, nous pensons que :

(1) Le nombre de pays qui intègrent le chinois dans leur système d'éducation nationale va continuer d'augmenter.

(2) Les besoins de la langue chinoise dans les pays asiatiques se sont diversifiés et différenciés, et la période du « chinois + » bat son plein. La demande d'enseignement « chinois + profession » va encore augmenter, notamment dans les pays situés le long des « Nouvelles routes de la soie ».

(3) Le problème des enseignants continuera à être traitée selon une approche duale à l'avenir, à savoir l'envoi d'enseignants de Chine dans divers pays du monde et la formation locales d'enseignants résidant dans les pays concernés.

(4) Bien que l'étendue culturelle en l'Asie soit moins grande en Occident, la nationalisation et la localisation de la construction du matériel pédagogique visant à l'enseignement international du chinoiis reste une direction importante. La collaboration entre la Chine et les pays étrangers dans la rédaction conjointe du matériel pédagogique est le meilleur moyen.

(5) Avec l'avènement de l'intelligence artificielle et la maturité des technologies internet, les modèles d'enseignement deviennent plus flexibles et plus diversifiés. L'enseignement et l'apprentissage hors ligne, en ligne ou hybride deviendront des modèles d'enseignement régulier. Les standars pour l'enseignement et les normes d'enseignement systématiques sont à améliorer de façon urgente.

(Auteure : GUO Fenglan 郭风岚, Université des langues et cultures de Pékin)

Intégration du chinois dans les systèmes éducatifs nationaux en Europe : l'exemple du Royaume-Uni

Le Royaume-Uni est l'un des premiers pays d'Europe occidentale qui a intégré le chinois dans son système éducatif national. L'éducation au Royaume-Uni est décentralisée, et les quatre pays constituant le royaume — l'Angleterre, l'Écosse, le Pays de Galles et l'Irlande du Nord — ont chacun un système éducatif distinct. Bien qu'il existe des activités d'enseignement du chinois dans les écoles primaires et secondaires du Pays de Galle et d'Irlande du Nord, leur nombre est minime et il n'existe pas encore d'examen propre au chinois dans les écoles secondaires du premier (le collège) et du lycée, de sorte que ce rapport ne couvre que deux régions, l'Angleterre et l'Écosse.

L'intégration du chinois dans le système éducatif national britannique peut être divisé en trois étapes. La première étape a été l'acceptation politique, à savoir que le chinois a été reconnu par le système éducatif national comme une matière d'enseignement dans l'éducation de base, une sujet d'examen. La deuxième étape a été l'intégration institutionnelle. Un système d'enseignement du chinois complet, y compris les plans d'études, la formation des enseignants et la création de matériel pédagogique, a été mis en place afin que le chinois bénéficie du même statut que les autres langues étrangères. La troisième étape, il s'agit d'une intégration profonde, dans laquelle l'enseignement du chinois s'est développé à grande échelle, les nombre des apprenants et des participants aux examens ainsi que leurs résultas se classent parmi les meilleurs dans l'ensegnement des langues étrangères du pays.

I. Politique des langues étrangères et enseignement du chinois

Bien que le chinois fasse l'objet d'un examen d'entrée dans les collèges et lycées britanniques depuis longtemps, il est resté d'abord une langue communautaire, et très peu d'écoles publiques avaient mis en place des cours de langue chinoise. Les apprenants étaient surtout des enfants des Chinois d'outre-mer, la plupart d'entre eux suivaient des cours de chinois dans les écoles de communauté chinoise mises à leur disposition le week-end.

En 2002, le gouvernement a publié une « Stratégie pour des activités en langue étrangère pour tous en Angleterre », qui proposait de dispenser un enseignement en langue étrangère dès l'école primaire, d'abolir le sujet de l'examen des langues étrangères du Certificat d'études secondaires (Junior School Certificate, que les jeunes passent vers 16 ans), d'étendre l'éventail des langues vivantes (auparavant limité aux langues européennes, le chinois a été inclus à cette époque) et les écoles sont autorisées de choisir les langues étrangères à enseigner, selon les besoins (il y a maintenant 17 langues étrangères à l'examen de la fin du secondaire en Angleterre et 9 en Écosse). Publié en 2014, le « Programme d'Angleterre » stipule formellement que pendant les quatre étapes de l'éducation de base, les écoles ne sont tenues de dispenser un enseignement de langue étrangère que dans les deuxième (7 à 11 ans) et troisième niveaux (11 à 14 ans). C'est dans le cadre de cette politique que l'enseignement du chinois s'est progressivement développé puis a été intégré dans le système éducatif national britannique. Cette transition a été facilitée par l'augmentation progressive de la coopération et des échanges entre les gouvernements britannique et chinois, notamment dans le domaine de l'enseignement des langues.

Le développement de l'enseignement du chinois dans les écoles primaires publiques britanniques, qui s'est fait essentiellement en partenariat avec les Classes Confucius, a commencé à ralentir ces dernières années. Le rapport d'enquête de 2019 sur les tendances en matière de langues étrangères en Angleterre montre que la grande majorité des écoles primaires enseignent toujours des langues européennes telles que le français, et qu'un peu moins de 3 % des écoles primaires proposent un enseignement de chinois, une situation similaire à celle d'il y a quelques années. Une école primaire privée bilingue anglais-chinois londonienne, créée en 2017 et facturant des frais importants, a vu ses effectifs fortement augmenter ces deux dernières années, passant d'une douzaine d'élèves au départ à plusieurs dizaines en 2019, cela montre une certaine demande du marché et capacités potentielles pour l'apprentissage du chinois.

L'enseignement du chinois dans les écoles secondaires du Royaume-Uni s'est développé assez vite. En 2016, environ 40 % des établissements secondaires privés et 13 % des établissements secondaires publics proposaient déjà des cours de chinois. Mis en place par le Ministère de l'Éducation britannique la même année, le Programme Excellence en Mandarin (Mandarin Excellence Programme), qui est subventionné d'un montant de 10 millions de livres sterling pour cinq ans, contribue grandement à promouvoir l'enseignement du chinois dans les écoles publiques depuis son lancement. Le développement de l'enseignement du chinois dans les écoles secondaires en 2019 montre cependant le résultat mitigé. Il est réjouissant de constater que le nombre d'établissements et d'étudiants ayant inscrit au cours de chinois a augmenté, puisque 76 établissements participent au programme et que le nombre d'étudiants inscrits dépasse déjà l'objectif du programme, qui prévoyait que 5 000 collégiens et lycéens apprennent le chinois. Plus inquiétant est le fait qu'on constate que le nombre des participants aux examens de chinois du secondaire I et II en Angleterre a fortement diminué (voir Figure 1), de 27 % et 32 % respectivement. Le chinois perd sa position de troisième place et se retrouve à nouveau derrière l'allemand dans les statistiques à cause de ces chiffres.

Quant à l'Écosse, l'enseignement du chinois n'a débuté que tardivement, passer les examens du secondaire I et II en chinois n'a été possible qu'à partir de 2008 et de 2010 respectivement. Ces dernières années, le nombre de participants à l'examen de fin du secondaire I a fluctué, alors que le nombre de participants à l'examen du baccalauréat écossais, bien qu'en hausse, mais reste faible.

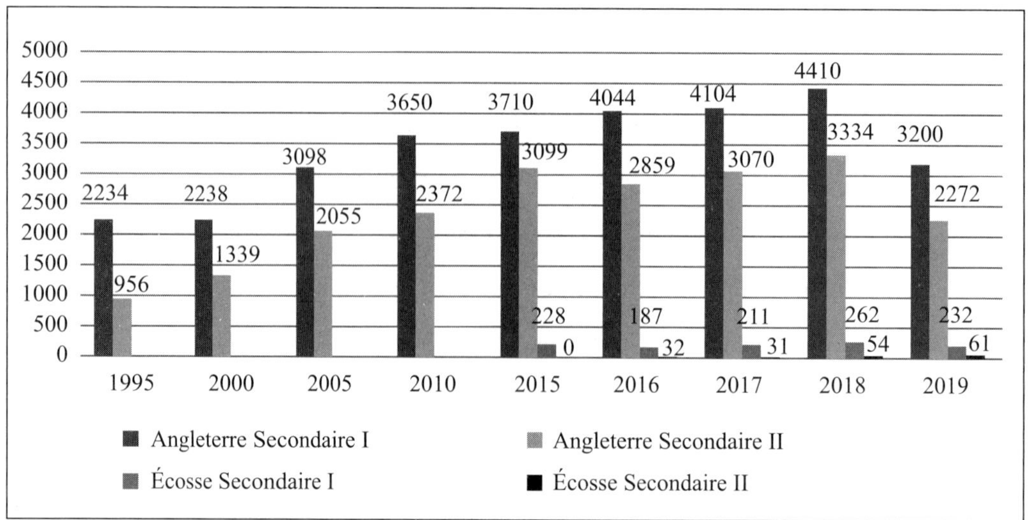

Figure 1 Nombre de candidats aux tests de langue chinoise dans le premier et le deuxième cycle du secondaire au Royaume-Uni

II. Programme d'examen et examen de l'école secondaire

La mise en place d'un programme d'examen pour le cours de chinois constitue une partie importante de l'intégration de la matière dans le système éducatif national. En Angleterre, ce programme a été modifié plusieurs fois. Au départ, il s'agissait d'un programme d'examen 'sur mesure' destinés aux enfants des Chinois d'outre-mer pour qui le chinois était la langue et culture d'origine. Depuis le passage du siècle, la politique linguistique a évolué vers une version langue étrangère moderne plus 'abordable' et adaptée aux apprenants non sinophones. En 2017, une nouvelle version remaniée a vu le jour, l'année 2019 est la première année de la mise en œuvre de la version révisée du programme. De nombreux enseignants et étudiants reprochent que la version remaniée est plus complexe que le programme antécédent, et que qu'il y a des différences dans la difficulté du programme.

Trois raisons probables expliquent le phénomène de la baisse du nombre de participants aux examens de langue chinoise la fin de secondaire I et II en 2019. Tout d'abord, sous l'influence du nouveau programme d'examen : les données des examens récoltés par la Commission des langues étrangères du secondaire II (UK's Senior Secondary Foreign Language Board) montrent que les langues dans lesquelles le nouveau programme est disponible telles que le chinois, le russe et l'italien, il y a eu une réduction moyenne d'environ 29% du nombre de candidats. On constate aussi en parallèle une grande différence dans le nombre des candidats inscrits chez les différents jurys d'examen. Les chiffres du Groupe Pearson (Pearson Examinations Board, groupe privé qui administre les examens dans les écoles) montrent que, par rapport à 2018, le nombre de candidats a diminué de plus de moitié, passant de 3 733 à 1 684, alors que selon les données de la Fédération britannique d'évaluation et d'accréditation des qualifications (British Qualifications Assessment and Accreditation Federation), le nombre de candidats a plus que doublé, passant de 710 à 1 556. Un deuxième facteur explique la diminution des apprenants de chinois, à savoir la concurrence des autres langues. Les heures d'études dévolues aux langues étrangères au collège et au lycée sont limitées, et du fait de l'augmentation du nombre de langues qu'on est possible d'étudier, il est normal que moins d'apprenants choisissent le chinois. En 2019, on a constaté une hausse globale des langues vivantes étrangères autres que le français, l'allemand et l'espagnol dans les écoles secondaires, une augmentation liée d'abord aux langues et cultures d'origine des élèves, comme le polonais et l'arabe, et ce surtout pour les examens du secondaire supérieur. Enfin, une troisième raison est que les participants au Mandarin Excellence Programme n'avaient pas encore passé les examens de fin du secondaire I en 2019 en raison de leur jeune âge. Plus de 3000 élèves du programme ont passé des tests dans les degrés 7 à 9 cette année-là et ils termineront progressivement leurs études secondaires du cycle I dans les années à venir. Malgré cela, il existe toujours un écart énorme entre le nombre de participants à passer un examen en chinois plutôt que dans l'une des trois principales langues européennes. Les candidats au chinois ne représentent par exemple qu'un quarantième des candidats inscrits aux examinés en français, et il est peu probable que cette situation change de manière significative dans un avenir proche.

Bien que le programme d'examen remanié de 2017 soit en partie contesté, les candidats qui ont participé aux examens de fin de secondaire ont obtenu des résultats qui sortent de l'ordinaire. Par exemple, près de 70 % des élèves qui ont passé l'examen de chinois Pearson (Chinese Junior School Certificate of the Pearson Examinations Board) ont obtenu les notes A* et A, qui sont les meilleures notes du système, contre moins de 13 % de A* et A en français. Les résultats généraux de fin du secondaire 2019 montrent que les candidats à avoir obtenu A* et A représentaient le 25,5 % du total, soit une baisse d'environ 1 % par rapport à 2018. En comparaison, près de 36 % des élèves du secondaire II ayant passé l'examiné en chinois par Pearson ont obtenu les scores A* et A, soit dix points de pourcentage de plus que la moyenne. En langues étrangères, ces très bons résultats s'alignent sur les notes obtenues pour les trois principales langues européennes. Quant à l'Écosse, les résultats des examens de chinois sont aussi nettement supérieures à ceux des autres langues. Certaines analyses pondèrent cependant ces résultats, car pour un nombre important d'étudiants, y compris pour les étudiants de nationalité chinoise.

III. Formation des enseignants et rédaction de manuels

La formation des enseignants et l'élaboration de matériel pédagogique pour le chinois ont également été essentiels pour l'intégration du chinois dans le système éducatif national. Le programme de formation pour les enseignants lancé en 2010 et la création d'un certificat d'études postgrades en éducation (Secondary Post Graduate Certificate) marquent le début de la mise en place d'une filière de formation pour les enseignants de chinois. Nous avons vu que le développement de l'enseignement du chinois langue étrangère a fluctué au fil des ans, mais 2019 a été une année où cet enseignement, stabilisé, a continué à faire des progrès. Ainsi, pour le chinois, un programme de perfectionnement a pour objectif de former 100 enseignants qualifiés. Plus de 20 participants à ce programme sont inscrits au seul Institut d'éducation de l'Université de Londres (Institute of Education, University College of London – IOE UCL). D'autres institutions, telles que l'Université d'Oxford, l'Université métropolitaine de Manchester, l'Université de Portsmouth, l'Université Kingsmill et l'Université de Bolton, proposent également des programmes octroyant des certificats d'enseignement du chinois dans le secondaire, seul ou en combinaison avec d'autres langues étrangères modernes. Certaines universités intègrent le chinois dans leurs programmes de formation d'enseignants aux langues et cultures d'origine (aussi appelées 'langues étrangères non courantes', 'langues et cultures dites distantes', 'langues des communautés'). Le nombre d'apprenants locaux inscrits à ces cours reste toutefois minime, probablement à cause de facteurs tels que les conditions d'admission et les possibilités d'emploi. C'est la raison pour laquelle, certaines universités, comme l'Université Edge Hill près de Liverpool, ne proposent plus de cours en la matière. Notons encore que pour l'Écosse, il est possible de suivre une formation d'enseignants de chinois financée par le gouvernement de l'Ecosse depuis 2007, et les universités d'Aberdeen, d'Edimbourg et de Strathclyde Glasgow proposent à l'heure actuelle des programmes de diplôme d'études supérieures pour les enseigants de chinois à l'école secondaires en éducation (Secondary Post Graduate Diploma in Education).

Les conseils ou jury comme le Groupe Pearson, qui sont chargés de faire passer les examens, ont pratiquement tous développé leurs propres manuels scolaires en collaboration avec le siège des Classes et Instituts Confucius de Grande-Bretagne, comme par exemple la série *Progressons*! (《进步》) pour les débutants, ou les manuels *Le chinois pour le collège* (《初中中文》), qui préparent à l'examen Pearson de fin du secondaire I (Edexcel Chinese GCSE). La Fédération britannique d'évaluation et d'accréditation des qualifications propose elle aussi deux séries du même nom (《初中中文》) pour le secondaire I (dont l'acronyme est AQA GCSE Chinese). Il n'existe pas de manuel unique spécifique pour l'examen de chinois du second cycle de l'école secondaire, mais des supports pédagogiques élaborés par des enseignants de chinois sont publiés localement chaque année en Angleterre, dont près de 10 rien qu'en 2019, comme par exemple *Le chinois pour la première année du lycée* (《高一中文》 *Gaoyi zhongwen*, *Chinese for AS* en anglais). L'Écosse, elle, ne dispose pas encore de sa propre collection structurée de matériel d'enseignement du chinois.

En ce qui concerne le degré d'intégration du chinois dans le système national, le secondaire I au Royaume-Uni manque toujours d'envergure, alors que le secondaire II entame la troisième phase mentionnée ci-dessus. La situation du développement en 2019 a été mitigée, mais ele a été essentiellement stable. La bonne marche du Programme Excel-lence en Mandarin (Mandarin Excellence Programme) a consolidé la position du chinois dans le système de l'enseignement des langues étrangères, grâce à l'accumulation d'expérience dans l'enseignement du chinois et à l'amélioration de la qualité des cours de chinois au fil des ans, davantage un grand nombre d'étudiants en profiteront et poursuivront des études du chinois. Le nombre des candidats qui vont passer les deux examens devrait repartir à la hausse dans les années à venir.

En 2019, plus de 300 enseignants chinois ont été envoyés de Chine au Royaume-Uni par l'intermédiaire du siège des Instituts Confucius et du projet de formation des assistants d'enseignement du chinois du British Council, et plus une centaines d'autres enseignants chinois volontaires et des enseignants chinois sont chargés de cours dans des écoles primaires et secondaires britanniques par d'autres canaux (par exemple, des programmes d'échanges éducatif régionaux). Le nombre des Institut Confucius et des classes Confucius au Royaume-Uni occupe la première place en Europe. Les écoles publiques en dépendent fortement en raison d'un financement insuffisant.

(Auteurs : George Xinsheng ZHANG 张新生, American Richmond University, Londres, et Linda Mingfang LI 李明芳, Regent's University, Londres, Royaume-Uni)

Développement de l'enseignement du chinois sur le continent américain : l'exemple des États-Unis

Les États-Unis et la Chine entretiennent des liens étroits, des échanges, et une coopération étendue dans divers domaines touchant à la culture, à l'éducation, aux sciences et aux technologies, et l'enseignement du chinois aux États-Unis est fait une partie indispensable et importante de l'enseignement du chinois dans le monde. Ce rapport est divisé en sept sections présentant et analysant l'enseignement du chinois aux États-Unis : I. les divers types d'enseignement du chinois aux États-Unis ; II. l'histoire du développement de l'enseignement du chinois dans les collèges et universités américains ; III. le développement des Instituts Confucius aux Etats-Unis ; IV. le statut où se trouve l'enseignement du chinois aux Etats-Unis ; V. la sélection des matériaux pédagogiques en langue chinoise du matériel d'enseignement du chinois ; VI. les normes des tests de compétence en langue étrangère ; VII. les principales organisations d'enseignement du chinois aux Etats-Unis. À l'aide de chiffres, de graphiques et des cas réels, l'auteur espère aider le lecteur à comprendre l'état de l'enseignement du chinois aux États-Unis et fournir une référence pour l'étude de l'enseignement du chinois dans le monde.

I. Les divers types d'enseignement du chinois aux États-Unis

L'enseignement du chinois aux États-Unis est diversifié et peut être grossièrement divisé en trois types suivants : (1) l'enseignement du chinois dans les universités américaines ; (2) l'enseignement du chinois dans les établissements primaires et secondaires américains ; (3) l'enseignement du chinois dans les écoles chinoises aux Etats-Unis. Le plus important d'entre eux est l'enseignement du chinois dans les universités, suivi de l'enseignement du chinois dans les établissements primaires et secondaires, et enfin de l'enseignement du chinois dans les écoles chinoises. Ces trois types d'enseignement diffèrent en termes de groupe cible, de méthodes d'enseignement, d'objectifs et de matériel utilisé, il exiiste donc des différences dans l'efficacité de l'enseignement.

1. L'enseignement du chinois dans les universités américaines

De nombreuses universités américaines exigent que les étudiants maîtrisent une langue étrangère avant l'obtention de leur diplôme et ils doivent généralement atteindre le niveau de langue étrangère attendu à la fin de la deuxième année d'études. Les étudiants doivent passer un test de placement organisé par l'université avant la rentrée. Les étudiants qui répondent aux critères ci-dessus sont dispensés de suivre les cours de langue étrangère. Ceux qui ne répondent pas aux exigences sont tenus d'apprendre une langue étrangère. Par exemple, si un étudiant de première année a étudié le chinois pendant quatre ans au lycée avant d'entrer à l'université et qu'il peut être admis dans une classe de chinois au niveau de deuxième année après le test de niveau de chinois de l'université, il devra étudier le chinois pendant au moins encore une anné et réussir aux examens avant de pouvoir obtenir son diplôme. Si un étudiant entre à l'université sans avoir étudié le chinois, il devra naturellement commencer son apprentissage du chinois en première année et étudier pendant deux ans avant de pouvoir satisfaire aux exigences en matière de langues étrangères pour les diplômés de l'université. Bien entendu, après deux ans, cet étudiant peut également continuer à suivre des cours avancés de chinois. C'est pourquoi la plupart des étudiants américains choisissent une langue étrangère, comme le chinois, en option, et seulement un petiti nombre d'édudiants l'étudient comme matière principale. Si un étudiant choisit de se spécialiser en chinois, il devra suivre quatre années de cours de chinois et suivre également un nombre important de cours sur la culture chinoise.

La caractéristique la plus importante de l'enseignement du chinois dans les universités américaines est que le cours est facultatif et non obligatoire. Les classes de chinois sont généralement petites, il n'y en a que 15, on a un cours par jour qui dure 50 minutes, et quatre à cinq jours par semaine. Les enseignants utilisent surtout des méthodes d'enseignement à l'immersion et tant les enseignants que les étudiants s'expriment essentiellement en chinois en classe. Pendant le cours, les élèves s'entraînent en premier lieu à la compréhension et à la production orales, sous la direction des enseignants.

Une autre caractéristique de l'enseignement du chinois dans les universités américaines est la séparation des étudiants sinophones et non sinophones, ce qui signifie que les étudiants sinophones n'étudient pas dans les mêmes classes que les étudiants non sinophones. Comme les étudiants d'origine chinoise grandissent en parlant chinois à la maison avec leurs parents, l'objectif principal de leurs cours de chinois est d'apprendre à lire et à écrire. Le taux de maîtrise des caractères chinois et l'amélioration des compétences en écriture des étudiants de langue et culture chinoises est deux fois plus élevé que celui des étudiants américains non sinophones.

2. L'enseignement du chinois dans les établissements primaires et secondaires américaines

À l'université, les étudiants peuvent choisir la langue étrangère qu'ils souhaitent étudier, mais les élèves des écoles primaires ou secondaires n'ont généralement pas le choix. C'est la direction de l'école qui prend la décision d'enseigner la langue chinoise ou une autre langue en fonction de la disponité des enseignants. Il y a environ 30 élèves dans chaque classe dans les établissements primaires et secondaires. Comme il ne s'agit pas d'un cours qu'ils ont choisi, les élèves ne sont pas très motivés pour apprendre. Il y a donc souvent des problèmes tels que l'inattention et le non-respect de la discipline. Pour maintenir l'enthousiasme des élèves pour l'apprentissage du chinois, les enseignants de chinois doivent établir des programmes, adapter les méthodes d'enseignement et abaisser les normes d'évaluation. L'une des caractéristiques des élèves du primaire et du secondaire est leur jeune âge et leur grande réceptivité à la langue, notamment en termes de prononciation. Ils sont très malléables. Avec de bons conseils, les enseignants peuvent former des à haut potentiel, dotés d'une bonne diction, et leur donner de bonnes bases pour améliorer leurs compétences en chinois à l'université. S'ils ont suivis quatre années de chinois au secondaire, les lycéens peuvent en général entrer directement en deuxième année de chinois à l'université.

3. L'enseignement du chinois dans les écoles chinoises américaines

Il y a maintenant quatre millions de de résidents américains d'origine chinoise aux États-Unis. Parmi eux, de nombreux parents espèrent que leurs enfants maîtriseront le chinois et s'identifieront à la culture chinoise tout comme eux. Ainsi, tous les week-ends, les parents conduisent leurs enfants dans une école chinoise voisine pour apprendre la langue de leurs ancêtres. Les élèves des écoles chinoises ont généralement entre 5 et 15 ans et sont à un âge où ils aiment s'amuser. Ils ne vont pas à l'école chinoise le week-end de leur plein gré, ce sont leurs parents qui les obligent à y aller. On sait que les enfants de langue et culture chinoises sont généralement plutôt obéissants : si leurs parents les inscrivent à des cours, ils iront, et si l'enseignant de chinois leur demande d'étudier, ils étudieront. Bien sûr, les écoles et les enseignants font de leur mieux pour rendre les cours de chinois intéressants et attrayants. Les enseignants des écoles chinoises organisent des jeux en chinois, font en sorte que les élèves regardent des films et des programmes télévisés chinois, apprennent à chanter des chansons chinoises, organisent des concours d'éloquence en chinois, des concours de rédaction, pratiquent les arts martiaux, apprennent à jouer aux échecs, etc. Les enseignants s'efforcent de divertir les enfants tout en leur apprenant le chinois et la culture chinoise. De nombreux éditeurs d'origine chinoise ont mis au point du matériel didactique pour les élèves sino-américains et produit une variété d'aides pédagogiques et de vidéos, qui ont grandement facilité les activités d'enseignement et d'apprentissage des écoles chinoises aux États-Unis.

Chaque été, certaines écoles chinoises organisent également un voyage pour les étudiants et les parents afin de retrouver leurs racines et visiter la Chine. En Chine même, les autorités apportent une grande aide à cet égard, permettant aux enfants d'apprécier la grande beauté du pays de leurs ancêtres, de ressentir la chaleur et l'attention de leurs proches au pays, et semant ainsi dans leur jeune esprit les graines de leur amour pour la langue chinoise et la Chine.

II. L'histoire de l'enseignement du chinois dans les collèges et universités américains

Au début, peu de personnes apprenaient le chinois aux États-Unis, et aucune statistique précise n'est disponible. Les statistiques au sens strict commencent en 1960. Depuis, *l'American Modern Language Association* compte le nombre d'étudiants choisissant d'étudier des langues étrangères à l'automne dans les établissements supérieurs tous les trois ou quatre ans. Nous avons compilé les chiffres fournis par cette association dans le tableau suivant, à titre de référence :

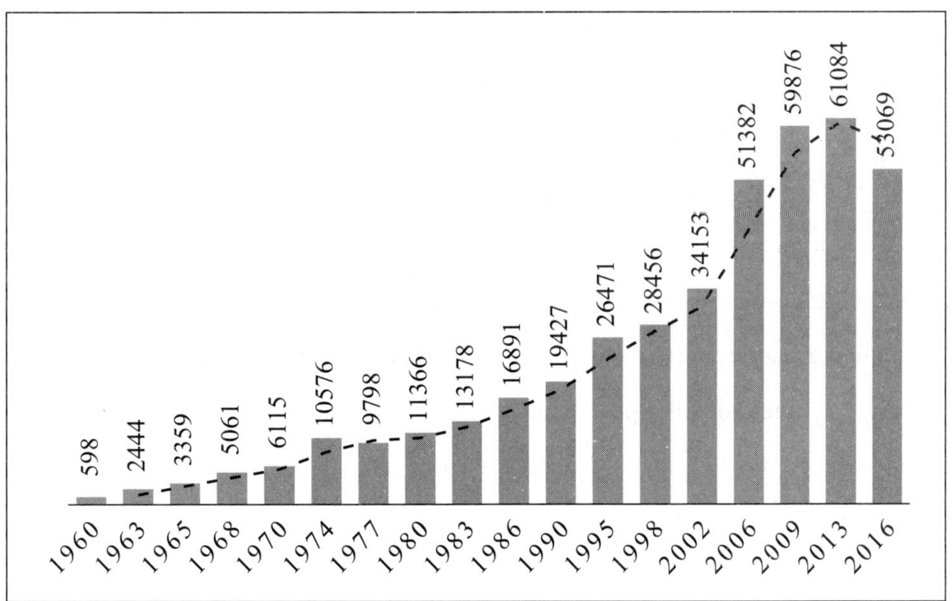

Figure 1 Nombre d'étudiants choisissant d'étudier le chinois dans les universités américaines au semestre d'automne de 1960 à 2016

Le graphique ci-dessus permet au lecteur de déduire la tendance de l'évolution du nombre d'étudiants apprenant le chinois aux États-Unis. À l'aide de la Figure 1, le lecteur peut déduire la tendance de l'évolution du nombre d'étudiants inscrits en chinois dans les collèges et universités américains. On peut dire que le développement de l'enseignement du chinois aux États-Unis, à petite ou à grande échelle, est étroitement lié à l'évolution des relations entre la Chine et les États-Unis. Dans les années 1960, les États-Unis ont promulgué la Loi sur l'éducation en matière de défense nationale (National Defense Education Act), qui mentionnait le chinois comme l'une des langues essentielles à la sécurité nationale et qui demandait aux universités en mesure de le faire de proposer des cours de chinois. À cette époque, il y avait moins de 600 étudiants. La diplomatie du ping-pong en 1971, la visite de Nixon en Chine en 1972 et l'établissement de relations diplomatiques entre les États-Unis et la Chine en 1979 ont contribué à l'intérêt du public américain pour l'apprentissage du chinois, et le nombre de personnes suivant des cours de langue chinoise a augmenté de manière significative. Après les années 1980, la Chine a adopté une politique de réforme et d'ouverture, et un grand nombre d'étudiants chinois sont venus se former aux États-Unis. Beaucoup d'entre eux sont restés ensuite en tant qu'enseignants, apportant un sang neuf et une vitalité à la communauté des enseignants déjà installée. Dès lors, le nombre d'étudiants inscrits en chinois aux États-Unis a rapidement augmenté, surtout au tournant du siècle, lorsque l'économie chinoise a décollé et que les jeunes américains ont constaté que l'apprentissage du chinois les aiderait à trouver un emploi. Beaucoup d'entre eux ont alors commencé à apprendre le chinois de leur propre initiative. Mais l'enseignement du chinois s'est vraiment développé avec la création des Instituts Confucius, qui ont amené un grand nombre d'enseignants de chinois aux États-Unis, actifs dans un plus grand nombre d'écoles et de communautés, ce qui a porté le nombre des apprenants de chinois à un niveau sans précédent.

Cependant, nous devons également noter que la croissance du nombre d'apprenants de chinois a commencé à ralentir entre 2009 et 2013, avec une tendance à la baisse du nombre d'apprenants de 2013 à 2016. Selon les informations publiées par la *Modern*

Language Association of America (MLA), les dernières statistiques sur le nombre d'étudiants seront disponibles à l'automne 2021. Les chiffres concernant les étudiants de chinois aux États-Unis en 2021 n'étant pas encore disponibles, aucune conclusion ferme n'a été tirée quant à l'orientation du nombre d'étudiants ces dernières années. Afin de comprendre les derniers développements, j'ai interrogé mes pairs par le biais d'un groupe WeChat à la fin de 2020 sur la situation dans diverses universités. En résumant et en comparant les commentaires fournis par ces enseignants de première ligne, je suis parvenu aux conclusions suivantes : la tendance à la hausse du nombre d'étudiants de chinois dans toutes les universités s'est ralentie depuis 2010, signe que le pic est passé ; le nombre d'étudiants a diminué depuis 2013 et a continué à baisser après 2016 ; le nombre s'est stabilisé en 2019 et 2020, mais par rapport au pic de 2010, le nombre d'étudiants de chinois reste assez faible. À l'Université Northwestern, par exemple, le nombre d'étudiants inscrits en chinois était de 195 à l'automne 2004 et a augmenté chaque année depuis, pour atteindre un pic de 368 en 2011. Depuis lors, ce nombre a chuté pour ne plus atteindre que 162 étudiants en 2018. Il a commencé à rebondir en 2019, remontant à 180, et à l'automne 2020, le nombre d'étudiants de chinois atteignait 222.

Quels sont exactement les facteurs qui ont fait que le nombre d'étudiants de chinois aux États-Unis a cessé d'augmenter et a même quelque peu diminué ? Après une enquête menée auprès de professeurs de diverses universités, l'auteur a conclu aux raisons suivantes :

(1) Le nombre d'étudiants est saturé. Aux États-Unis, les étudiants qui veulent apprendre, devraient apprendre et peuvent apprendre le chinois le font déjà, et lorsque le nombre total atteint un certain nombre, il se stabilise et ne peut continuer à croître.

(2) Les médias déforment les faits. Certains médias propagent un regard négatif sur la Chine, connu sous le nom de la « théorie de la menace chinoise », ce qui a amené certains Américains à mal comprendre la Chine et à hésiter à apprendre le chinois.

(3) La politique intérieure. Certaines prises de position d'élus politiques aux États-Unis a mené à la fermeture de plusieurs Instituts Confucius, y compris quelques Classes Confucius, ce qui a naturellement influencé le développement de l'enseignement du

chinois dans le pays. La section suivante est consacrée aux défis auxquels sont confrontés les Instituts Confucius aux États-Unis.

III. Le développement des Instituts Confucius aux Etats-Unis

Depuis la création du premier Institut Confucius à l'Université du Maryland en 2004, les Instituts Confucius se sont développés rapidement, ils ont pris racine, ils fleurissent et portent des fruits, passant d'une poignée d'établissements à 107 Instituts Confucius et de nombreuses Classes Confucius. Ils ont joué un rôle prépondérant dans la promotion de l'enseignement du chinois et la diffusion de la culture chinoise aux États-Unis. Dans le livre *A Study of the Dynamics of Chinese Language Teaching in the United States*, l'auteur a mené une enquête auprès de 14 Instituts Confucius du Midwest et a dressé le tableau suivant :

Tableau 1 Liste des Instituts Confucius dans les régions du Midwest américain

Nom de l'Institut Confucius	Date de création	Fonctions et caractéristiques principales
Institut Confucius de l'Université du Kansas	Mai 2006	Enseignement à distance du chinois dans les établissements secondaires, formation en entreprise, développement d'une série d'activités culturelles
Institut Confucius de l'Université d'État du Michigan	Mai 2006	Enseignement du chinois, en particulier enseignement du chinois en ligne, élaboration de programmes, formation des enseignants et activités d'échanges culturels.
Institut Confucius de Chicago	Mai 2006	Promotion de l'enseignement du chinois, élaboration de programmes d'études, fourniture de matériel pédagogique supplémentaire et formation des enseignants dans 43 établissements primaires et secondaires publics
Institut Confucius de l'Université de l'Iowa	Septembre 2006	Lancement d'une série de cours, formation d'enseignants de chinois, élargissement des zones d'apprentissage du chinois de la communauté, renforcement de la compréhension interculturelle

Nom de l'Institut Confucius	Date de création	Fonctions et caractéristiques principales
Institut Confucius de l'Université Purdue	Mai 2007	Cours de langue et de culture chinoises, formation des enseignants, recherche pédagogique, traduction et autres services de conseil
Institut Confucius du Community College Of Denver	Septembre 2007	Enseignement du chinois, organisation d'activités liées à l'expérience culturelle chinoise et réalisation d'une série d'activités communautaires approfondies
Institut Confucius de Valparaiso	Février 2008	Enseignement du chinois et développement du marché de l'enseignement du chinois, organisation de fêtes de musique chinoise et présentation de la musique et de la culture chinoises
Institut Confucius de l'Université du Wisconsin–Platteville	Avril 2008	Lancement de cours de chinois, organisation de séminaires sur les pratiques commerciales et culturelles et organisation de la certification des enseignants de chinois
Institut Confucius d'Indianapolis	Avril 2008	Enseignement de la langue chinoise, formation des enseignants, échanges culturels au sein de la communauté et échanges interscolaires
Institut Confucius de l'Université du Minnesota	Septembre 2008	Développement de l'enseignement du chinois, examens de niveau, organisation d'activités culturelles et formation des enseignants
Institut Confucius de l'Université Webster	Février 2009	Fourniture de ressources pédagogiques linguistiques et culturelles, promotion de l'enseignement au niveau local et échanges culturels avec la Chine
Institut Confucius de l'Université du Michigan	Novembre 2011	L'art à l'honneur, organisation de séminaires, de spectacles, de conférences et d'expositions sur des thèmes variés
Institut Confucius de l'Université Western Michigan	Novembre 2011	Cours de langue et de culture chinoises, matériel didactique, recherche pédagogique et activités d'échange culturel.
Institut Confucius de l'Université de Chicago	Juin 2010	Recherches sur la Chine contemporaine, en particulier sur l'économique chinoise contemporaine

Chacun de ces 14 Instituts Confucius a ses propres caractéristiques, mais ils ont tous un point commun : ils s'engagent à promouvoir l'enseignement du chinois et à faire connaître la culture chinoise sous différents angles dans la région, ce qui explique l'impact significatif qu'ils ont eu dans le Midwest. De plus en plus d'Américains ont été exposés à la culture chinoise, de plus en plus d'étudiants se sont intéressés à l'apprentissage du chinois et de plus en plus d'Américains ont exprimé leur désir d'aller en Chine pour voir par eux-mêmes. Ces succès considérables des Instituts Confucius aux États-Unis. Ces réalisations importantes de l'Institut Confucius aux Etats-Unis sont évedentes pour le monde. Mais pour des raisons bien connues, le nombre d'Instituts Confucius aux États-Unis a considérablement diminué ces dernières années. C'est vénérable que ces Instituts Confucius insistent toujours pour s'en tenir à la gestion de l'école, transmettre les connaissances chinoises et promouvoir la culture chinoise. Ces Instituts Confucius vont de l'avant face à l'adversité ont été soutenus par de nombreux enseignants américains, et sont bien accueillis par le public .

IV. Les divers statuts de l'enseignement du chinois aux Etats-Unis

L'enseignement des langues étrangères aux Etats-Unis est un programme au service d'études disciplinaires, professionnelles ou spécifiques à la région, et la langue chinoise ne fait pas exception. Par exemple, les étudiants en littérature chinoise doivent acquérir assez de compétences linguistiques pour être en mesure de lire des textes littéraires chinois authentiques. Cela explique que dans de nombreuses universités, la littérature chinoise, est enseignée par des professeurs titulaires d'un poste de toute la vie, alors que les enseignants de langue sont de simples chargés de cours. Ces chargés de cours de chinois ne sont pas titularisés, mais leur emploi est relativement stable. Quant aux directeurs des départements de chinois de nombreuses universités, ils sont pour la plupart des maîtres de conférence non titularisés, ayant obtenu le titre de doctorats en didactique du chinois, en linguistique, ou en sciences de l'éducation, entre autres.

Il n'existe pratiquement pas de départements de chinois dans les universités américaines, mais il y a plutôt des départements de recherches d'études est-asiatiques ou des sections de la lanque chinoise au sein de départements de langues et cultures asiatiques. En général, le statut d'un département d'études est-asiatiques ou de langues et cultures asiatiques est similaire à celui d'un département d'histoire ou de religion, cependant, il est loin du poids de département de sciences dures tels que lesscientces et l'ingénierie. En ce qui concerne le statut du chinois dans les collèges et universités privés du Groupe Ivy (Ivy League), il ne se distingue pas tellement de celui des institutions n'en faisant pas partie. Par exemple, le département de chinois de l'Université de Princeton, qui en fait partie, est bien plus important que celui de l'Université Northwestern, qui n'en fait pas partie, mais leur statut respectif n'est pas si différent. Je connais bien les deux institutions pour avoir travaillé à Princeton avant d'être engagé à Northwestern. Bien sûr, le développement économique rapide de la Chine ces dernières années et son statut international, ainsi que l'interaction fréquente entre les institutions américaines et chinoises, cela a augmenté plus ou moins l'importance des départements de chinois dans les écoles. Nous espérons que cette dynamique va se poursuivre.

V. La sélection du matériel d'enseignement du chinois

Il n'y a pas de programme unifié pour l'enseignement du chinois aux États-Unis. Chaque établissement établit les programmes d'enseignement du chinois en fonction des besoins réels des apprenants et sélectionne le matériel pédagogique adapté aux cursus.

La sélection du matériel pédagogique dans les universités nord-américaines est de plus en plus localisée. Afin de comprendre comment les supports de cours étaient eas sélectionnés, le professeur LI Yu (李煜) de l'Université d'Emory et quelques uns de ses collègues ont mené une enquête par questionnaire auprès de 170 universités américaines. Les résultats cette enquête ont été publiés dans le « Journal of Chinese Language Teaching Research – Chinese Language Teachers Association of America », No 49, en 2014. L'enquête montre que les manuels les plus utilisés en Amérique du Nord pour enseigner le chinois dans les niveaux élémentaires est « Integrated Chinese (中文听说读写 • Zhongwen ting-shuo du-xie) », et, pour les niveaux plus avancés, « All Things Considered (事事关心 • Shishi guanxin) ». Les deux séries de manuels ont été rédigées par des enseignants américains. La professeure LIANG Xia (梁霞) de l'Université de Washington souligne, dans son nouvel ouvrage intitulé « Studies in Chinese Language Education in American Universities », que la caractéristique la plus importante de ces deux ensembles de matériaux pédagogiques est la clarté du public cible. Les manuels sont rédigés suivant la réalité réelle de la vie quotidienne des étudiants concernés, en fonction de la durée du semestre moyen dans les universités américaines le nombre d'heures de cours par semaine. Il est possible de déterminer quel manuel est destiné dans quelle année et quel semestre. Elle relève par ailleurs que les auteurs de « Integrated Chinese et All Things Considered » possédant une riche expérience de l'enseignement tertiaire aux États-Unis, avec un concept clair sur la comparaison de la grammaire, et celle de la culture dans la rédaction des leçons. La perspective de la discussion des problèmes, ainsi que concept idéologique et l'orientation des valeurs sont plus cohérents avec kes étudiants. Comme les thèmes traités sont proches de la vie réelle des étudiants, les deux séries matériaux pédagogiques font réellement écho à leurs intérêts et préoccupations.

Les enseignants américains des différentes universités peuvent eux-mêmes choisir leurs matériaux d'enseignement. Grâce au tableau de l'Université Northwestern ci-dessous, nous pouvons voir les manuels sélectionnés.

Tableau 2 Cours de chinois de l'Université Northwestern et matériel pédagogique sélectionné

Nom du cours	Manuel
Chinois 1e année	*Xiandai Zhongwen* (Chinois moderne) 1A, 1B
Chinois 2e année	*Xiandai Zhongwen* (Chinois moderne) 1B, 2A
Chinois 3e année	*Biaoda* (Expression)
Chinois 4e année	« Perspective culturelle », « Lecture de romans »
Chinois niveau 1 pour sino-américains	« Compréhension et production orales et écrites » débutant 1, débutant 2
Chinois niveau 2 pour sino-américains	« Compréhension et production orales et écrites », Intermédiaire 1, Intermédiaire 2
Chinois niveau 3 pour sino-américains	« La Chine en mutation »
Chinois niveau 4 pour sino-américains	« La Chine sous toutes ses formes »
	« La voie du succès » Succès 1
	« La voie du succès » Succès 2
Chinois des affaires	« Nouvelles routes de la Soie »

À en juger par les neuf manuels différents sélectionné par l'Université Northwestern, sept d'entre eux sont des manuels rédigés et publiés aux États-Unis. Seuls deux manuels, *Road to Success* (成功之路 • *Chenggong zhi lu*) publié par la Maison d'édition de l'Université des langues et cultures de Pékin (BLCUP) et *New Silk Roads Business Chinese* (新丝路 • *Xin Silu*) publié par les Presses de l'Université de Pékin, ont été selectionnés par l'Université Northwestern. On voit clairement que les manuels listés dans le tableau ci-dessus corroborent l'enquête du professeur LI Yu de 2014 et l'analyse de la professeure LIANG Xia de 2020. On peut en conclure que les enseignants et les étudiants américains préfèrent les manuels publiés hors de Chine, qui sont plus adaptés à l'enseignement du chinois aux États-Unis en termes de format, de contenu, d'audiovisuel et de service après-vente.

VI. Les normes et les tests de compétence en langue étrangère

« Les Directives relatives aux compétences en langues étrangères » (ci-après *Les Directives*) élaborées par l'*American Council on the Teaching of Foreign Languages* (ACTFL) constituent une étape importante dans la normalisation de l'enseignement des langues étrangères aux États-Unis. Il y est décrit en détail les difficultés des tâches en langue étrangère que les apprenants doivent accomplir à différents niveaux. Les *Directives* vont au-delà des différences entre les variétés de langues, elles établissent une norme unifiée et fournissent des critères pour l'enseignement des langues étrangères. Indépendamment de la famille linguistique à laquelle appartient une langue et de son niveau de difficulté, il est possible de fixer des objectifs et de développer un programme sur la base de ces critères. Ceux-ci permettent de comprendre quels sont les objectifs établis des programmes de divers établissements, qu'ils soient du niveau « supérieur », « avancé » ou « intermédiaire ». Afin d'atteindre les objectifs fixés, les autorités scolaires prennent en compte le processus de conception du programme d'études, le choix du matériel pédagogique et le recrutement des enseignants. Par exemple, « la National Security Education Foundation (NSEF) » exige que 12 établissements du programme pilote chinois forment leurs élèves au niveau « supérieur » des *Directives*. Et ce niveau « supérieur » décrit clairement les tâches en langue étrangère que les étudiants qui ont atteint ce niveau doivent accomplir. La partie A et partie B sont d'accord pour que quatre an après, la partie A testera le iveau des élèves selon cette norme. C'est sur la base de ces critères que les écoles pilotes individuelles décident du nombre d'enseignants à employer, du programme à établir, des cours à proposer et du nombre d'heures à consacrer à la formation de leurs étudiants avec les fonds fournis par la NSEP. Les normes, comme les objectifs, sont limpides. Les deux parties sont conscientes sur le niveau dont l'Etat a besoin pour former les étudiants en langues étrangères.

Les Directives décrivent en détail les compétences en langues étrangères des candidats à différents niveaux, du plus haut niveau « distingué » au plus bas niveau « novice », c'est-à-dire ce que les candidats à différents niveaux savent dire et écrire en une langue étrangère à tout moment, en tout lieu et dans toute situation, et encore ce qu'ils n'ont pas encore appris à dire et à écrire. *Les Directives* ne suivent pas une théorie d'enseignement, une méthode d'enseignement ou un programme particulier ; il ne s'agit que d'un outil standardisé pour mesurer les compétences en langues étrangères des candidats.

Les Directives jugent la maîtrise des langues étrangères des étudiants selon 4 aspects principaux, c'est à dire selon la compétence orale, la capacité d'écriture, l'audition (compréhension orale) et la lecture (compréhension écrite). L'idée principale est de faire la distinction entre les capacités réceptives et expressives des élèves. La conversation et la production écrite appartiennent à la capacité de s'exprimer, tandis que la compréhension orale et la compréhension écrite sont des compétences réceptives.

Les Directives ont divisé les quatre aspects de la maîtrise des langues étrangères en cinq classes principales, et en neuf grades subtils. Prenons l'exemple de la compétence orale, le plus élevé niveau est « distingué », suivi de « supérieur », puis « avancé », et « l'Avencé » est encore subdivisé en « avancé supérieur », « avancé moyen » et « avancé inférieur ».Puis encore, c'est « intermédiaire », lui aussi est subdivisé en « intermédiaire supérieur », « intermédiaire moyen », et « intermédiaire inférieur ». Alors la classe la plus basse est le niveau élémentair, « élémentaire » est subdivisé encore en « élémentaire supérieur », « élémentaire moyen » et « élémentaire inférieur ». Afin de montrer plus clairement tous les niveaux, l'ACTFL a développé le diagramme pyramidal suivant :

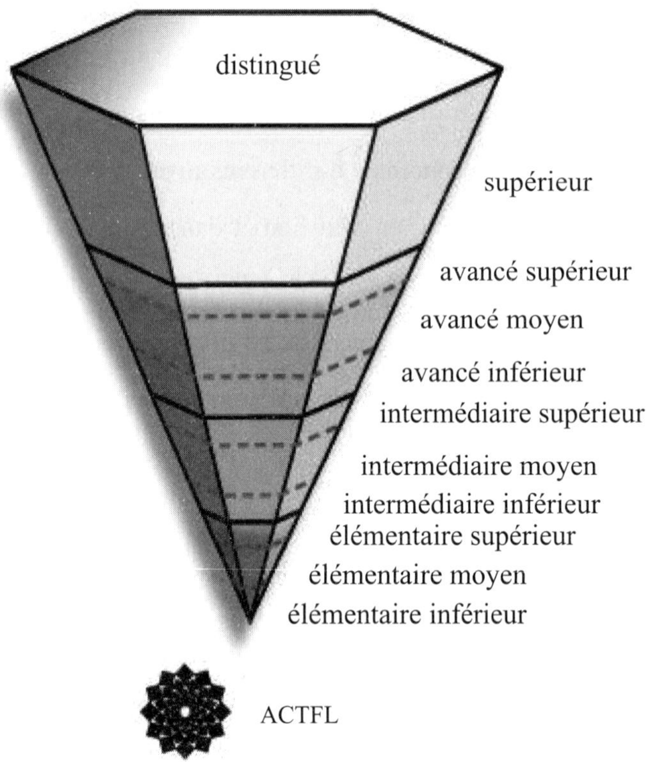

Figure 2 Diagramme des niveaux de compétences des *Directives relatives aux langues étrangères* de l'American Council on the Teaching of Foreign Languages (ACTFL)

Le cône inversé ci-dessus représente les différents niveaux de langue étrangère dans lesquels se positionnent les candidats. La partie pointue inférieure représente le niveau le plus bas : « novice-bas », les neuf niveaux au milieu du cône inversé, représentent neuf niveaux différents de la langue et le sommet représente le niveau le plus élevé. Le diagramme montre graphiquement que les candidats de niveau « novice » sont ceux qui ont le moins de connaissances et se trouvent donc à la pointe du cône inversé, tandis que les candidats de niveau « supérieur » sont ceux qui ont le plus de compétences et occupent donc le sommet le plus large. On peut voir que le graphique de l'ACTFL représente la somme de connaissances maîtrisées par les candidats de différents niveaux et n'est pas représentatif du nombre d'étudiants à chaque niveau. Selon la figure ci-dessus, plus le niveau du candidat est élevé, plus ils a de compétences, et plus le volume qu'il occupe est important ; plus le niveau du candidat est faible, moins il a de compétences, plus le volume qu'il occupe est petit.

Grâce aux *Directives*, quel que soit l'établissement ou la langue étrangère, il est possible de fixer ses propres objectifs en fonction de sa situation réelle. Le programme d'études élaboré par le Département de chinois où travaille l'auteur peut en donner un aperçu. Selon la situation spécifique de l'étudiant, nous avons fixé les objectifs suivants, c'est-à-dire qu'après avoir étudié le chinois pendant une année universitaire à différents niveaux, l'étudiant devrait atteindre les niveaux suivants :

Tableau 3 Les niveaux de compétences attendus pour les différents cours de chinois

Nom du cours	Niveau de conversation	Niveau de production écrite	Niveau de compréhension orale	Niveau de compréhension écrite
Première année de chinois	élémentaire supérieur	élémentaire supérieur	élémentaire supérieur	élémentaire supérieur
Deuxième année de chinois	Intermédiaire moyen	Intermédiaire moyen	Intermédiaire moyen	Intermédiaire inférieur
Troisième année de chinois	Intermédiaire supérieur	Intermédiaire supérieur	Intermédiaire supérieur	Intermédiaire supérieur
Quatrième année de chinois	Avancé inférieur à avancé moyen	Avancé inférieur à avancé moyen	Avancé inférieur à avancé moyen	Avancé inférieur à avancé moyen
Première année de chinois pour sino-américains	Intermédiaire supérieur	Intermédiaire moyen à intermédiaire supérieur	Intermédiaire supérieur	Intermédiaire moyen à intermédiaire supérieur
Deuxième année de chinois pour sino-américains	Avancé inférieur	Intermédiaire supérieur à avancé inférieur	Avancé inférieur	Intermédiaire supérieur à avancé inférieur
Troisième année de chinois pour sino-américains	Avancé moyen	Avancé inférieur à avancé moyen	Avancé moyen	Avancé inférieur à avancé moyen
Quatrième année de chinois pour sino-américains	Avancé supérieur	Avancé supérieur	Avancé supérieur	Avancé supérieur

Comme les besoins des apprenants sinophones et non sinophones sont différents et que le temps ou le nombre d'heures nécessaires pour atteindre un certain niveau sont différents, les exigences pour les quatre compétences que sont la compréhension et l'expression orales, la compréhension et l'expression écrites sont également différentes.

VII. Les principales organisations d'enseignement du chinois aux Etats-Unis

Il existe trois organisations principales d'enseignement du chinois aux États-Unis : la « Chinese Language Teachers Association (CLTA) », la « National Association of Elementary and Secondary School Chinese Language Teachers (CLASS) » et la « National Association of Chinese Language Schools (CSAUS) » (Association nationale des écoles de langue chinoise). Elles sont indépendantes et coopèrent les unes avec les autres.

1. Association nationale des professeurs de chinois

Le nom anglais de l'Association nationale des professeurs de chinois est *Chinese Language Teachers Association*, abrégé en CLTA. L'association a été fondée en 1962 et comporte plus de 700 membres. Les membres sont principalement des chargés de cours de langue chinoise issus d'universités américaines, mais ces dernières années, des enseignants de chinois du primaire et du secondaire ont également rejoint l'association. Le but de la CLTA est de promouvoir le développement et la recherche sur l'enseignement de la langue et de la culture chinoise aux États-Unis. L'association tient une réunion annuelle, pendant laquelle on élit le prochain président et organise des séminaires d'enseignement sur différents sujets. L'association publie également une revue professionnelle : « Journal of Chinese Language Teaching and Research ». trois fois par an, l'évaluation des articles se fait de façon anonyme. Les articles constituent une source importante d'informations sur la recherche et l'enseignement du chinois aux États-Unis, et portent sur les dernières découvertes en la matière. Les articles publiés sont rédigés en chinois ou en anglais. La revue se concentre sur l'étude des pratiques d'enseignement et vise à promouvoir le développement de l'enseignement du chinois.

2. Association nationale des enseignants de chinois de l'enseignement élémentaire et secondaire

Le nom anglais de l'Association nationale des enseignants de chinois de l'enseignement élémentaire et secondaire est « National Association of Elementary and Secondary School Chinese Language Teachers », abrégé en CLASS. L'Association a été créée en 1987 pour aider les établissements primaires et secondaires à lancer et à développer des programmes de chinois, à rédiger un programme commun, à établir des normes pour les tests de compétence en chinois, à mettre en place des cours de langue dits AP (*Advanced Placement*), à former les enseignants de chinois pour des établissements primaires et secondaires, etc. L'association travaille en étroite collaboration avec la « Chinese Language Teachers Association (CLTA) » et organise en collaboration avec celle-ci une conférence annuelle. Nombre de ses membres sont également membres de la CLTA et proviennent des écoles publiques et privées de la maternelle à la terminale de l'ensemble des États-Unis.

3. Association nationale des écoles de langue chinoise

Cette association a pour nom anglais la « Chinese School Association in the United States (CSAUS) ». L'association a été créée en 1994 et ses écoles membres comprennent plus de 500 écoles chinoises de 50 etats américains, possédant plus de 100 000 apprenants de chinois et environ 8 000 enseignants. Le but de l'association est de développer l'enseignement du chinois pour les enfants sino-américains en dehors de l'école, et de les aider à mieux identifier leur langue et culture d'origine, ainsi que les traditions chinoises. L'association tient une assemblée générale tous les deux ans pour élire le prochain président, discuter de l'orientation de ses travaux, élaborer un programme d'action, organiser un voyage en Chine pour que les apprenants découvrent leurs racines, organiser un concours d'éloquence ou de rédaction de texte en chinois. Contrairement aux établissements primaires et secondaires et aux universités, les écoles chinoises ne dispensent des cours que le samedi ou le dimanche, et la plupart d'entre elles louent des salles de classe dans des établissements secondaires ou des universités. Les apprenants sont des élèves du primaire et des élèves du premier cycle du secondaire. La plupart sont des enfants d'origine chinoise, et une petite partie d'entre eux sont des enfants chinois adoptés en Chine. L'Association des écoles chinoises a été créée pour offrir aux enfants d'origine chinoise des possibilités et un environnement leur permettant d'apprendre le chinois et de conserver leur héritage culturel chinois.

Parmi ces trois associations, la « National Chinese Language Teachers Association (CLTA) » s'occupe principalement de l'enseignement du chinois dans les universités, la « National Association of Elementary and Secondary Chinese Language Teachers (CLASS) » de l'enseignement du chinois dans les établissements primaires et secondaires, et la « Chinese School Association in the United States (CSAUS) » de l'enseignement du chinois dans les écoles chinoises du week-end. Elles s'adressent à des publics différents mais ont le même objectif, et leur travail est lié et imbriqué. Par exemple, si les écoles chinoises du week-end peuvent cultiver l'intérêt des enfants chinois pour l'apprentissage du chinois, davantage de cours de chinois peuvent être proposés dans les établissements primaires et secondaires pour donner aux apprenants de bonnes bases en chinois, ce qui facilitera pour eux l'apprentissage de la langue dans les universités et améliorera leurs compétences en chinois. C'est pourquoi la communication et la coopération entre ces trois associations sont si essentielles. L'auteur de ce rapport est aujourd'hui professeur à l'Université Northwestern, il a enseigné le chinois dans un lycée public de Chicago pendant quatre ans sur son temps libre, et a été directeur bénévole de l'école chinoise du week-end où sa fille a étudié le chinois pendant huit ans. Il est membre des trois associations susmentionnées, et les connait donc bien toutes les trois.

Outre ces trois grandes associations, il existe également des associations professionnelles au niveau des États et des régions, telles que la « California Chinese Language Teachers Association », la « Calligraphy Teaching Association et la Business Chinese Teaching Association ». L'objectif de ces associations est très clair : c'est d'aider les enseignants de langue chinoise à améliorer leur enseignement du chinois et promouvoir le développement de l'enseignement du chinois. Elles organisent des activités telles que des réunions annuelles, l'élection du prochain président, l'organisation des concours d'éloquence en chinois, etc.

L'enseignement du chinois aux États-Unis a rapidement évolué ces dernières années, que ce soit pour ce qui concerne le type d'enseignement, le nombre d'étudiants, le statut académique, la sélection du matériel pédagogique, les normes d'évaluation et la structure organisationnelle. On n'oubliera pas non plus que le développement de l'enseignement du chinois aux États-Unis a été étroitement lié, du début jusqu'à aujoud'hui, à des aides financières de la Chine. Nous sommes convaincus qu'avec l'aide de nos collègues enseignants de chinois en Chine, l'enseignement du chinois aux États-Unis connaîtra un développement encore plus important à l'avenir.

(Auteur : GU Licheng 顾利程, Northwestern University, USA)

Bilan de l'enseignement du chinois en France pour l'année 2019

L'année 2019 marque le 55e anniversaire de l'établissement des relations diplomatiques entre la République française et la République populaire de Chine. C'est une année exceptionnelle pour les relations diplomatiques entre les deux pays, et c'est également une année remarquable pour l'histoire de l'enseignement du chinois en France. Comme chacun sait, ces quinze dernières années, on a constaté un intérêt particulier pour l'apprentissage du chinois, et le nombre d'élèves qui l'étudient a explosé. L'année 2019 confirme cette évolution. D'après les statistiques disponibles du Ministère français de l'Education nationale en 2016, le nombre de personnes à avoir suivi des cours de chinois a franchi la barre des 100 000[1]. D'autre part, la France est aussi le pays européen présentant le plus grand nombre de candidats aux tests de certification en langue chinoise dits HSK (汉语水平考试).

La première partie de ce rapport est consacrée à la situation de l'enseignement du chinois par degrés en France. Dans la seconde partie sont présentés quelques uns des événements marquants liés à l'enseignement du chinois de l'année 2019.

I. L'évolution du chinois en 2019 par degrés d'enseignement

1. L'enseignement primaire

En 2019, plus de 6000 enfants répartis dans 70 écoles apprennent le chinois[2].

---

1 Voir Joël BELLASSEN (2016). Le rapport général sur la situation de l'enseignement du chinois est le dernier à avoir été publié. Depuis la fin de son mandat comme Inspecteur général, aucun autre rapport n'a été publié.

2 D'après les données de la carte du chinois dans le primaire, sur le site de l'Association Française des Professeurs de chinois https://www.afpc.asso.fr/Carte-du-Chinois, site visité le 28 juillet 2020.

On distingue trois types d'écoles : les écoles primaires métropolitaines, celles des départements et territoires d'outre-mer, et les sections internationales, bilingues. En général, les écoliers français peuvent débuter l'apprentissage du chinois dès les cours préparatoires, à savoir, dès 5-6 ans. Certains enfants ont même la chance d'avoir des enseignants de chinois dès la crèche et peuvent communiquer dans cette langue, comme au Jardin d'enfants sino-français de Paris et à l'école Montessori de Paris[1]. Dans un cadre où les enseignants donnent de l'importance à des activités de type éveil aux langues, la première langue étrangère apprise par les petits Français a longtemps été l'anglais, mais la langue de Shakespeare se trouve peu à peu détrônée par le chinois. Ainsi, depuis 2002, le Ministère de l'Éducation nationale publie un programme officiel pour l'enseignement du chinois au primaire. D'autre part, on compte en France 15 sections internationales. Ce dispositif bilingue implanté à l'école primaire accueille dans une même section des élèves français et étrangers, dont des Chinois[2]. Ensemble, ils étudient, s'amusent, communiquent en français et en chinois, et sur le plan linguistique, ils s'entraident et progressent ensemble. Chaque semaine, ils suivent au moins trois heures de cours de chinois. Dans un tel environnement, les petits Français font des progrès rapides et les enfants de langue et culture chinoises s'intègrent rapidement dans le système éducatif français.

2. L'enseignement secondaire

La France a été pionnière dans l'enseignement du chinois dans le secondaire. Dès 1958, avant même l'établissement des relations diplomatiques entre la Chine et la France, quelques sinologues réussissent à intégrer des cours de chinois dans un lycée parisien[3]. Joël Bellassen, qui a été Inspecteur général pour l'enseignement du chinois de 2006 à 2016, a grandement contribué au développement du chinois en France, en portant une attention particulière à à la formation du corps enseignant et à l'implantation de cette

1 Idem.

2 Voir les sections internationales au collège sur le site du Ministère de l'Education Nationale https://www.education.gouv.fr/les-sections-internationales-l-ecole-primaire-12443

3 Voir Joël BELLASSEN (2016), p.4.

langue aux niveaux secondaires I et II. Comparé aux autres pays européens, créer des structures éducatives complètes a toujours été une caractéristique unanimement reconnue de l'enseignement du chinois en France. Grâce aux efforts conjoints du Ministère de l'Éducation nationale et des enseignants français et chinois, actuellement, de la métropole aux départements et territoires d'outre-mer en passant par la Corse et en comptant les Instituts Confucius issus de la coopération franco-chinoise, il n'est pas exagéré de dire que partout en France, on peut trouver un endroit où étudier le chinois.

En 2019, 51 nouveaux établissements secondaires ont ouvert des cours de chinois[1] et le chiffre total des établissements secondaires (collèges et lycées inclus) enseignant le chinois atteignait 1079, soit 5 fois plus qu'en 2005. On n'oubliera pas d'ajouter encore à ces chiffres les 40 établissements d'outre-mer et les 28 sections internationales. Les dernières statistiques connues[2], le chinois est choisi comme deuxième langue vivante dans la majorité d'entre eux, soit 304 exactement. L'enseignement secondaire français offre une certaine continuité disciplinaire entre le secondaire I et le secondaire II, et 68% des élèves ayant débuté le chinois au collège peuvent le continuer au lycée[3]. D'après les statistiques du rapport rédigé par l'Inspecteur général Joël Bellassen, la moitié des élèves qui étudient le chinois l'ont choisi comme deuxième langue étrangère[4]. Au secondaire supérieur, dans toute la France, le chinois est enseigné en tant que troisième langue dans 60 % des lycées, et une moitié de ces établissements offrent aussi la possibilité de choisir le chinois comme deuxième langue. Plus récemment, du fait que parents et écoliers y accordent toujours plus d'importance, le chinois a acquis le statut de première langue étrangère dans une trentaine de collèges. Au niveau supérieur, dans 14 lycées, le statut du chinois est multiple : dans

1 Cf. la Lettre d'information N°40, 2 mars 2020 de la FCAE (France Chine Asie Education). https://fcae.fr/pdf/Lettre-N40-Mars-2020.pdf, site visité le 30 juillet 2020.

2 Cf. le site de l'ONISEP (L'Office national d'information sur les enseignements et les professions), http://www.onisep.fr/Choisir-mes-etudes/College/Classes-du-college/Etudier-les-langues-au-college/La-carte-des-principales-langues-vivantes-etrangeres-enseignees-pres-de-chez-vous, site consulté le 28 juillet 2020.

3 Cf. le site de la revue l'Etudiant, letudiant.fr. https://www.letudiant.fr/etudes/annuaire-des-lycees/langue-chinois/page-25.html, site consulté le 28 juillet 2020.

4 Cf. le rapport de Joël BELLASSEN (2016), p.1.

ces établissements, les élèves peuvent choisir le chinois comme première, deuxième ou troisième langue étrangère. Le chinois, en revanche, et selon le Ministère de l'Education nationale, est obligatoirement la première langue étrangère pour les élèves inscrits dans les « Sections internationales » ou « Sections langues orientales ». Toujours selon ce même règlement, outre des cours de langue et culture chinoises obligatoires à raison de 3 à 5 heures hebdomadaires, les élèves suivent également certaines disciplines non linguistiques (DNL) en chinois enseignées par les professeurs envoyés par la Chine, comme par exemple la littérature, les mathématiques, l'histoire, la géographie, etc. Ces spécialisations « Section internationale » ou « Section langues orientales » sont explicitement mentionnées sur les diplômes du Bac[1]. On notera encore qu'aujourd'hui, suite à divers échanges de mobilité entre la Chine et la France, les lycéens en Bac Pro s'intéressent eux aussi de plus en plus au chinois. Des cours sont ainsi aussi proposés dans les lycées en sciences et technologies, les lycées hôteliers, les écoles d'art appliqué et autres établissements professionnalisants, ce qui constitue un atout important pour le marché du travail et dans les futures recherches d'emploi des jeunes[2].

Ces dernières années, avec le développement du chinois, le nombre d'enseignants recrutés a augmenté. La majorité d'entre eux ne sont pas diplômés d'instituts de formation pédagogique, il y a donc un besoin impérieux de formation pour ces enseignants[3]. Ils n'ont pas non plus de statut fixe, et, s'ils viennent de Chine, ils ont dû s'adapter au contexte d'enseignement à la française. En été 2019, l'Association Française des Professeurs de Chinois (AFPC) a organisé pour la première fois avec l'Université du Nord-Ouest de Xi'an (西北大学) une formation pédagogique de trois semaines destinée à ces enseignants de France, qui a été appréciée à la fois par les participants et les organisateurs. Comme il est essentiel de prévoir des équipes d'enseignants de chinois d'excellent niveau pour garantir la qualité des cours donnés, le Ministère français de

1 Voir le site du Ministère de l'Education Nationale, les sections européennes ou de langues orientales en lycée https://www.education.gouv.fr/les-sections-internationales-au-lycee-2606, visité le 28 juillet 2020.

2 D'après l'enquête en cours menée par l'AFPC.

3 Les caractéristiques et les statuts des membres de l'Association Française des Professeurs de Chinois démontrent clairement cette tendance.

l'Éducation nationale organise chaque année des tests d'aptitudes permettant l'obtention du Certificat d'aptitude au professorat de l'enseignement du second degré (CAPES) qui constituent l'un des facteurs importants de la stabilité de l'enseignement du chinois en France. En 2019, sur 300 inscrits, 161 personnes se sont présentées pour le CAPES de chinois, et seuls 19 candidats ont réussi le concours et obtenus un poste[1]. Au niveau supérieur, 51 personnes se sont également inscrites à l'Agrégation de chinois mais seules 39 personnes se sont effectivement présentées aux épreuves[2]. On voit que le Ministère de l'Éducation nationale contrôle de près les examens et le recrutement des enseignants de chinois, et qu'il s'efforce de créer un corps professoral de haut niveau.

Alors que le monde se numérise, l'enseignement du chinois en France ne fait pas exception. On a pu lire dans les journaux que dans une classe d'un collège proche de la ville de Tours, une enseignante qui dispensait un cours de chinois en présentiel à ses élèves le diffusait en même temps en visioconférence à des élèves d'un collège de la campagne avoisinante. Nouvelle, c'est manière d'enseigner à l'aide du numérique est appelée à se développer dans le futur[3].

3. L'enseignement supérieur

D'après l'enquête menée par l'Association Française des Professeurs de Chinois (AFPC), quelque 25 000 étudiants apprennent le chinois dans l'enseignement supérieur, dans 52 universités. 36 universités intègrent des unités d'enseignement et de recherche de chinois ou dispensent le chinois comme branche de spécialité. 27 universités offrent des cours de chinois pour non spécialistes. Les cours de chinois de spécialité se divisent en deux catégories : les Langues étrangères appliquées (LEA) et les Langues, littératures et civilisations étrangères. Ces dernières années, les Langues étrangères appliquées rencontrent un vrai succès avec de plus en plus d'étudiants inscrits dans cette filière.

---

1 Voir le site du Ministère de l'Education Nationale, https://www.devenirenseignant.gouv.fr/cid141810/donnees-statistiques-capes-2019.html, site consulté le 30 juillet 2020.

2 Voir le site du Ministère de l'Education Nationale, https://www.devenirenseignant.gouv.fr/cid143407/donnees-statistiques-agregation-2019.html site consulté le 30 juillet 2020.

3 Voir « Des cours de chinois dans un collège rural par visioconférence » sur le site de France Inter https://www.franceinter.fr/emissions/le-zoom-de-la-redaction/le-zoom-de-la-redaction-26-fevrier-2019, site visité le 30 juillet 2020.

Aux 18 000 étudiants qui étudient le chinois dans les universités s'ajoutent quelque 7000 autres qui suivent le cycle d'études de deux années des classes de Brevet de technicien supérieur (BTS) et de Classes préparatoires aux grandes écoles (CPGE)[1]. Le nombre total est de 25000. En 2019, de nombreuses écoles spécialisées et autres instituts supérieurs avaient ouvert des cours de chinois, comme par exemple l'Université d'Orléans, qui a créé un département de chinois LEA.

Une des particularités de l'enseignement supérieur en France est l'absence de syllabus officiels régissant le contenu des cours. Cette liberté académique dont jouissent les enseignants à l'université est même garantie dans la Constitution française. Il s'ensuit que l'un des problèmes que rencontre actuellement le chinois au niveau universitaire est le manque de continuité avec l'enseignement du secondaire II. Comme le nombre d'étudiants ayant appris la langue dans le secondaire ne cesse d'augmenter, les unités d'enseignement et de recherche des universités ne pourront éviter de s'adapter à cet état de fait.

Le 8 juin 2019, l'Association Française des Professeurs de Chinois (AFPC) a organisé, à l'INALCO, les sessions d'examens de niveaux de chinois dits HSK pour Paris et sa région, et, le même jour, la deuxième grande Exposition des Universités chinoises. Dix universités chinoises prestigieuses ont participé à cette exposition : l'Université Tsinghua de Pékin (清华大学), l'Université de Pékin (北京大学), l'Université Normale de Pékin (北京师范大学), l'Université des Sciences et Technologies de Pékin (北京科技大学), l'Université Jiaotong de Shanghai (上海交通大学), l'Université Tongji de Shanghai (上海同济大学), l'Université Normale du Nord-Est de Changchun (东北师范大学), l'Université du Nord-Est de Shenyang (东北大学), l'Université Zhongnan de Droit et d'Economie de Wuhan (中南财经政法大学), l'Université Normale du Centre de la Chine de Wuhan (华中师范大学), l'Université Normale de Chine du Sud de Canton (华南师范大学), l'Université des sciences et technologies électroniques de Xi'an (西安电子科技大学), et l'Université de Shenzhen (深圳大学). Le programme HSK

---

1 D'après le service des statistiques du Ministère de l'Education Nationale, SIES.

international de stages innovants pour la jeunesse disposait lui aussi d'un stand. Cette exposition a connu une énorme affluence. Elle a été bien accueillie par le public français et de nombreux commentaires favorables ont mentionné l'événement.

Outre l'ensemble de ce que nous avons présenté ci-dessus, l'enseignement du chinois en France a certainement connu d'autres évolutions dans d'autres domaines.

II. Les grands événements qui ont marqué le développement du chinois en 2019

1. Trois colloques de sinologie

L'AFPC a organisé ou co-organisé plusieurs colloques dans le domaine des recherches en didactique du chinois[1]. Par exemple, en parallèle à l'Assemblée générale de l'association, un premier colloque sur « La littérature chinoise et l'enseignement du chinois » était organisé par YIN Wenying (尹文英), inspectrice régionale du District scolaire de Bordeaux pour l'enseignement du chinois. Joël Bellassen, inspecteur général honoraire de l'éducation nationale et président de l'AFPC, et JIN Siyan (金丝燕), professeure à l'Université d'Artois et directrice de l'Institut Confucius d'Arras, ont chacun introduit le thème du colloque. L'AFPC avait spécialement invité deux écrivains chinois, SHEN Fuyu (申赋渔) et Shucai (树才) pour les conférences principales[2]. Étaient là aussi Noël DUTRAIT, traducteur et professeur honoraire de l'Université d'Aix-Marseille et Brigitte GUILBAUD, inspectrice régionale de l'Education nationale, afin qu'ils partagent leurs recherches et leurs expériences en littérature chinoise avec les membres de l'association. Un grand nombre de questions ont été soulevées par les enseignants présents, et ces échanges furent fructueux sur certains points. Il y avait une belle ambiance académique lors de cette réunion. Les 12 et 13 avril 2019 a eu lieu à Dublin en Irlande le 2e Symposium international de l'Association européenne

1 Chaque année, l'Association lors de l'Assemblée Générale organise spécialement des ateliers thématiques.

2 Cf. La Lettre de l'AFPC n°135, janvier 2019, et https://www.falanxi360.com/index.php?s=/news/show/id/3343, site visité le 30 juillet 2020.

de l'enseignement du chinois (AEEC-EACT). Plus de 200 personnes, venues d'une vingtaine de pays, participèrent au colloque[1]. Le thème de ce symposium était « La construction de la discipline du chinois langue seconde dans le contexte régional et mondial ». Ce symposium a connu un grand succès. Du 27 au 29 juin, JIN Siyan (金丝燕) a organisé à l'Université d'Artois et à l'Institut Confucius de cette université une troisième rencontre, le « Colloque International Monisme ou dualisme : un choix crucial dans l'approche du chinois et de son enseignement ». C'était en même temps la 12e édition de la formation des enseignants de chinois européens. Sont intervenus durant le colloque, en dehors de Joël BELLASSEN et de moi-même, ZHANG Xinsheng (张新生) de l'Université Richmond de Londres, ZHANG Hong (张红) de l'Université de Rome, Grâce POIZAT, chargée d'enseignement et vice-directrice de l'Institut Confucius de l'Université de Genève et YIN Wenying (尹文英), Inspectrice régionale du District de Bordeaux de chinois de l'Education nationale. Ce colloque a été instructif et enrichissant pour les participants. Stimulante, la conférence était basée dans le concret, et elle a ouvert à de saines et riches réflexions sur la didactique du chinois d'aujourd'hui et de demain.

2. L'évolution des Instituts Confucius en France

Cette année a vu la fondation de trois nouveaux Instituts Confucius dont les partenaires institutionnels sont la ville de Pau dans le sud-ouest de la France, l'Ecole Supérieure de Commerce de Paris et l'Université d'Orléans[2]. Il y a actuellement 17 Instituts Confucius français qui coopèrent avec des instituts ou universités chinoises. Il existe en France deux catégories d'Instituts Confucius : les premiers sont intégrés dans un établissement universitaire, les seconds ont la structure juridique d'une association publique selon la Loi 1901. Un public nombreux fréquente les Instituts Confucius : des apprenants de chinois de tout niveau, allant de l'école primaire à l'université, des enseignants, des fonctionnaires, des entrepreneurs, des marchands, des médecins, des

---

1 Cf. Les Nouvelles d'Europe, 欧洲时报，"欧汉会" 国际研讨会都柏林举办, 1er mai 2019 http://www.oushinet.com/wap/qj/qjnews/20190501/320144.html; site visité le 30 juillet 2020 et le site de l'Association Européenne de l'Enseignement du chinois http://www.ouhanhui.eu/?p=874&lang=zh site visité le 30 juillet 2020.

2 Voir le site des Instituts Confucius en France : institutconfucius.fr

marins et des retraités, etc. Les Instituts Confucius ouvrent aussi des fenêtres sur la pluralité et la richesse de la culture chinoise. En dehors de l'enseignement du chinois, on y organise de belles activités comme les semaines du cinéma chinois, des expositions sur les arts traditionnels, des conférences académiques, des concerts, des récitals, des colloques, des cours de calligraphie, cuisine, taïchi et autres, qui intéressent de plus en plus de personnes. Certains Instituts Confucius ont également une identité plus spécifique, qui va d'une orientation centrée sur la culture à d'autres, plus axées commerce et économie. À la fois institutions à but non lucratif et centres d'examen pour les tests de niveaux de type HSK (汉语水平考试 *Hanyu shuiping kaoshi*), les Instituts Confucius sont aussi les endroits où on trouve les informations sur les bourses d'études accordées par l'Etat chinois et par les universités chinoises. Ils offrent encore des services de conseil aux étudiants qui souhaitent étudier en République populaire de Chine. Comme on le voit, les Instituts Confucius contribuent à renforcer la compréhension mutuelle et les relations amicales entre les Français et les Chinois, et ils jouent un rôle important dans les échanges culturels entre les deux pays.

On peut dire que 2019 a été une année prospère pour les échanges culturels entre la France et la Chine. Tout d'abord, les Instituts Confucius de France ont organisé à nouveau un concours de traduction littéraire. Le thème de cette seconde édition portait sur la traduction de micro-nouvelles, cinq écrivains figuraient au programme : MO Yan (莫言), CHEN Lijiao (陈力娇), QIN Delong (秦德龙), DUO La (朵拉) et LING Dingnian (凌鼎年)[1].

A l'automne, le célèbre caricaturiste chinois LI Kunwu (李昆武) est venu en France. Les Instituts Confucius de Rennes et de Clermont-Ferrand ont organisé des expositions, des conférences et autres activités sur divers sujets de son œuvre, qui ont reçu un accueil très chaleureux de la part du public et des apprenants de chinois français[2].

---

1 Voir le site des Instituts Confucius de France : 8 lauréats ont été récompensés, (https://www.institutconfucius.fr/fr/culture/concours-de-traduction, site visité le 30 juillet 2020.

2 L'Institut Confucius de Rennes : Li Kunwu : rencontre et exposition https://www.confucius-bretagne.org/project/li-kunwu-23-11-2019/, site visité le 30 juillet 2020 ; L'Institut Confucius de Clermont-Ferrand https://www.rendez-vous-carnetdevoyage.com/2019/10/institut-confucius/, site visité le 30 juillet 2020.

Et encore, lors de la semaine du cinéma chinois organisée par l'Institut Confucius de La Rochelle début octobre, l'écrivain et metteur en scène DAI Sijie (戴思杰) s'est rendu en personne à la cérémonie d'ouverture du festival. Il a présenté son film *Balzac et la petite tailleuse chinoise*, un événement qui a attiré une foule de gens de la région, et tout particulièrement les étudiants de chinois de l'Université. Les salles de cinéma ont fait salle comble toute la semaine.

A la fin de l'année 2019, s'est tenu à Changsha un grand colloque sur l'enseignement international du chinois. Des directeurs d'Instituts Confucius français et chinois ainsi qu'un grand nombre de sinologues internationalement reconnus ont participé à ce colloque et ont assisté personnellement à la création de la Fondation chinoise pour l'enseignement international du chinois, qui est à présent responsable de la gestion des Instituts Confucius dans le monde. Il va sans dire que cet événement aura une influence majeure sur tout ce qui touche à l'enseignement du chinois sur le plan international.

3. La Fête des caractères chinois

La 2e Fête des caractères chinois a été officiellement lancée à Paris au mois d'octobre 2019. Pendant cinq jours, de nombreuses activités culturelles ont eu lieu sur le thème de l'écriture chinoise, avec des expositions, des conférences, des expériences culturelles, des échanges, etc.[1]

Que ce soit les défis posés par la transformation numériques ou les changements amenés par les nouvelles attentes dans l'enseignement du chinois international, l'enseignement du chinois en France a vu de nouvelles évolutions se profiler en 2019, et nous devons continuer nos efforts dans la réalisation de recherches linguistiques comme sur le plan pédagogique. Les milieux concernés en France doivent impérativement renforcer la collaboration entre enseignants francophones et sinophones, et intensifier les échanges académiques, sur le plan national et international, en établissant des programmes de coopération entre les universités et autres hautes écoles pédagogiques comme l'Université normale de Pékin (北京师范大学), ou l'Université des langues et

1 Cf. La Lettre de l'AFPC n°144, octobre 2019.

cultures de Pékin (北京语言大学) par exemple. Il serait d'autre part judicieux aussi d'organiser des formations de courte durée pour les enseignants européens et proposer sur une base régulière des colloques académiques en didactique du chinois. C'est ainsi que petit à petit, les acquis déjà considérables en la matière s'amélioreront encore davantage et permettront d'affronter et résoudre les défis à venir dans la nouvelle ère.

(Auteure : Martine Raibaud, Maître de Conférences de la Rochelle Université, Directrice française de l'Institut Confucius de La Rochelle, Vice-Présidente de l'Association Française des Professeurs de chinois).

Bibliographie /

BELLASSEN Joël (Inspecteur général de chinois, Ministère de l'Education nationale), *Le chinois, langue émergente* –Etat de l'enseignement du chinois en 2015-2016.

Partie IV Rapport spécial

Recherche sur la cognition langagière et l'acquisition d'une langue seconde

La cognition est le processus et l'activié du cerveau et du système nerveux qui produit de nouvelles intelligences, et le langage est au cœur de ce mécanisme. Les sciences cognitives ont été établies aux États-Unis dans les années 1970. On admet communément aujourd'hui qu'elles prennent racine dans les six branches que sont la philosophie, la linguistique, la psychologie, l'anthropologie, l'informatique et les neurosciences (CAI Shushan, 2020). La cognition linguistique, quant à elle, tient une place importante dans la recherche en sciences cognitives, elle est liée à plusieurs disciplines telles que la linguistique, la psychologie cognitive, l'informatique et les neurosciences cognitives, et elle se caractérise par sa nature interdisciplinaire entre les sciences dures et les sciences humaines.

L'acquisition d'une langue seconde est un domaine de recherche indépendant qui étudie les processus et les mécanismes d'acquisition d'une langue par les apprenants. Du fait de la nature interdisciplinaire de la cognition langagière, l'acquisition d'une langue seconde englobe trois perspectives cognitives distinctes : le traitement de l'information dans l'acquisition d'une langue seconde, les réseaux d'enchaînements connexionnistes, et les neurosciences cognitives proprement dites. Les trois perspectives permettent l'exploration et l'étude des rouages de l'acquisition, des processus mentaux et des mécanismes neuronaux chez les locuteurs de langues secondes, chez les bilingues et chez les plurilingues.

1. Le traitement de l'information dans l'acquisition d'une langue seconde

Les théories sur le traitement de l'information affirment que les compétences linguistiques des apprenants comprennent à la fois des connaissances déclatives et procédurales. L'acquisition de compétences est un processus automatisé de transformation des connaissances déclaratives en connaissances procédurales. En d'autres termes, les apprenants passent d'un traitement conscient et contrôlé à un traitement automatique et inconscient au cours du processus d'apprentissage ou durant les pratiques linguistiques. Ces dernières années, ces théories ont entraîné un « revirement cognitif » dans le domaine de la recherche sur l'acquisition du chinois langue seconde. On s'intéresse plus aux mécanismes neurocognitivistes des apprenants, et on tient moins compte des variations répétitives des productions orales de type béhavioriste (WANG Jianqin, 2020).

WEI Yanjun (2017) s'est intéressé à la présence ou à l'absence et à la quantité de consommation des ressources attentionnelles du point de vue du traitement cognitif, et a examiné les mécanismes de traitement par blocs de la capacité à parler le chinois en tant que langue seconde. Il a découvert que le processus computationnel des groupes syntaxiques des apprenants de chinois s'effectue de manière contrôlée, ce qui ne permet pas le traitement de l'information par blocs à la manière des locuteurs chinois natifs, mais nécessite plutôt des opérations combinées de plusieurs blocs. Ce processus de combinaison contrôlé augmente l'implication des ressources attentionnelles, ce qui, comme dit ci-dessus, fait appel à des connaissances déclaratives. Grâce à des pratiques répétitives, cependant, les ressources attentionnelles des apprenants de chinois sont de moins en moins mises à contribution pendant les structurations syntaxiques, et le ressort de l'attention se déplace progressivement vers les connaissances procédurales pour la combinaison des composants des groupes de la phrase. HU Weijie et WANG Jianqin (2017) se sont attachés, eux, à analyser les prédicteurs de la compétence de production orale en langue seconde. Leur recherche a sélectionné deux indicateurs de fluidité cognitive — le temps nécessaire au traitement de l'organisation d'une phrase et la consommation du transfert attentionnel — et deux indicateurs de fluidité expressive — le débit de paroles ainsi que la longueur moyenne du flux produit. Ils ont utilisé une analyse régressive pour examiner les effets prédictifs des deux types d'indicateurs sur la facilité de s'exprimer à l'oral. Les résultats montrent que les pronostics de la fluidité cognitive sont plus efficaces et apportent une contribution aux compétences orales plus élevée que la fluidité expressive.

2. Le connexionnisme et l'acquisition d'une langue seconde

Les indicateurs neuronaux des modes de distribution des connaissances et les procédés de traitement parallèles sont à la base des théories connexionnistes. La recherche sur l'acquisition du langage dans ce cadre théorique s'appuie essentiellement sur des réseaux neuronaux artificiels qui simulent les processus de distribution des connaissances dans le cerveau. Ces recherches permettent d'étudier les prédicteurs et les mécanismes parallèles qui se manifestent chez les apprenants d'une langue deux ou chez les bilingues. Le connexionnisme est un champ d'études important de par ses contributions à la recherche sur les apprentissages automatiques — *Machine Learning* en anglais — et, plus généralement, sur l'intelligence artificielle.

Le connexionnisme, cette nouvelle théorie, a donné lieu à de nombreuses études de simulation cognitive, tant au niveau national qu'international. Dans le domaine de l'acquisition d'une langue seconde, on peut citer WANG Jianqin (2005), qui, en combinant le modèle standard d'auto-organisation avec un modèle d'atténuation, a pu modéliser le développement de la perception des composants des caractères chinois chez des étudiants non sinophones. Sur cette base, il s'est intéressé aux mécanismes par lesquels les apprenants du chinois langue seconde acquièrent la maîtrise de l'écriture chinoise. Dans un autre domaine, l'apprentissage du lexique chez les jeunes enfants, LI Ping et al. (2007) ont été les premiers à simuler le phénomène de « l'éruption » lexicale dans l'acquisition du vocabulaire chez les tout petits. Pour leur recherche, ils ont utilisé un réseau de neurones artificiels auto-organisés et non supervisé pour stimuler l'acquisition du vocabulaire chez des enfants, puis ils ont tiré profit du même réseau pour inciter les enfants à acquérir du vocabulaire bilingue. Un autre domaine de recherche en simulation cognitive de l'intelligence artificielle touche les systèmes qui permettent l'acquisition du chinois par des étudiants non sinophones. Une étude dans ce champ a porté par exemple sur les difficultés et les mécanismes d'acquisition des étudiants étrangers de la phonétique et de la prosodie tonale du chinois. CHEN Mo (2011) a ainsi reproduit un « modèle d'arbre de croissance » numérique pour amener les étudiants à la maîtrise des tons, et LU Ji (2011) a utilisé un modèle d'auto-organisation modifié pour imiter le procédé d'acquisition et les mécanismes de compensation permettant de pallier aux diverses difficultés que rencontrent les apprenants non sinophones dans l'acquisition des tons. Ces études comblent peuvent compenser la manque d'études expérimentales et comportementales, et elles ont certains avantages dans le processus d'exploration du traitement en ligne et des acquisitions compléxes des apprenants, de pouvoir étudier les systèmes artificiels en lien direct avec les ressorts d'acquisition complexes des apprenants.

3. Neurosciences cognitives et acquisition d'une langue seconde

Le champ de la recherche en neurosciences est l'un des domaines les plus avant-gardistes du 21e siècle. La Chine se prépare et prévoit de commencer un plan intitulé « Cerveau de la Chine » (中国脑计划), qui s'articule selon une stratégie dite « un corps et deux ailes », où 'un corps' représente la base neuronale de la compréhension de la cognition humaine, l'un des objectifs universels des neurosciences, qui est au cœur du projet ; les 'deux ailes' réfèrent (1) aux diagnostics et approches thérapeutiques des maladies neuronales et (2) au développement des technologies de l'intelligence artificielle, tandis que « deux ailes » fournissent des commentaires sur l'application pour, 'un corps' (Poo et al., 2016). Le langage est la marque la plus fondamentale qui distingu les humains des animaux, les compétences langagières représentent les fonctions les plus élaborées du cerveau de l'être humain. Les recherches en neurosciences cognitives sur l'acquisition du langage sont donc des questions à la pointe du domaine, et elles forment en même temps le socle des études en technologies de l'intelligence artificielle (CHEN Lin, 2017). Si elles étaient intégrées à ces domaines, les études sur l'acquisition d'une langue seconde, le bilinguisme mais aussi le plurilinguisme deviendraient vite un domaine à l'avant-poste des recherches en neurosciences cognitives.

La revue « Science » a relevé, en 2005, 125 problèmes scientifiques mondiaux non résolus. L'un de ces problèmes est la période clé de l'acquisition du langage. Les moyens techniques des neurosciences pourraient mettre en évidence les mécanismes neuronaux cognitifs à l'origine de la période clé de l'acquisition du langage.Il y a eu une percée dans la recherche sur le problème du goulot au niveau le l'acquisition du langage. Comment exprimer et apprendre des éléments fondamentaux , tels que la forme, le son, et la signification des mots dans le cerveau humain a toujours été au centre des préoccupations des chercheurs dans le domaine. Quant à l'étude de l'acquisition de la syntaxe, qui implique la maîtrise des structures et des fonctions des groupes de la phrase, comment le cerveau humain analyse-t-il et intègre-t-il des informations telles que la sémantique, la syntaxe et la pragmatique des mots dans les phrases ? Une étude de cette question révélera la nature de l'acquisition du langage humain, et pouvant promouvoir le développement du traitememnt informatique du langage naturel. En outre, cette étude peut approfondir la compréhension de l'association neuronale entre le traitement du langage et le contrôle exécutif. Des chercheurs ont proposé l'hypothèse de l'adaptation et de l'assimilation, qu' pour expliquer les interactions entre les mécanismes cérébraux des langues secondes et la langue maternelle. On voit que la combinaison de l'acquisition de la langue seconde et des neurosciences cognitives a ouvert de nouveau champs de recherche linguistique, et a élargit les nouveaux horizons de la recherche sur l'acquition du langage.

Depuis une dizaine d'années, les recherches sur l'acquisition du chinois langue seconde ont subit un virement à partir de la linguistique structuraliste vers la recherche cognitive. Cela signifie que les études dans le domaine ne se limitent plus à la description de la maîtrise, ou aux biais, des structures linguistiques constatés chez l'apprenant, mais que des analyses des acquis en chinois langue seconde se font de plus en plus au travers de la cognition linguistique. On constate même, dans ce domaine, la naissance de nouvelles perspectives théoriques, comme le connexionnisme dont nous avons parlé, ou l'émergentisme, lié lui aussi au domaine des neurosciences cognitives (WANG Jianqin, 2020).

Afin de réaliser ce but, il faut d'abord accélérer l'introduction des nouvelles théories, notamment la théorie sur interdisciplines, au niveau de la recherche basée sur l'acquisition du chinois du point de vue de la cognition du langage. Il s'agit d'élargir davantage l'horizon théorique en la matière, et de changer progressivement la tradition de recherche qui met l'accent qur la structure plutôt que sur la cognition, et d'agrandir le champ de rechrche sur l'acquisition de la langue chinoise comme la langue seconde. Ensuite, nous devons renforcer exploration de la méthode de recherche et apprentissage de l'expérienc auprès des autres. Comme le dit l'adage, les bons outils font les bons ouvriers, et l'amélioration des méthodes de recherche élèvera grandement la qualité de la recherche sur l'acquisition d'une langue seconde comme le chinois pour atteindre prograssiveent le niveau avancé de recherche sur ledit plan dans le monde. Finalement, en ce qui concerne la recherche cognitive sur l'acquisition de la langue chinoise comme langue seconde, il nous faut nous préoccuper davantage des recherches interdisciplinaires et intersectorielles comme la recherche sur la neuroscience cognitive, et neutolinguistique, de manière à progresser et à moderniser nos outils et nos méthodes de recherche. Ce n'est qu'ainsi que les chercheurs pourront se créer de nouvelles percées dans les connaissances de la cognition langagière et dans la résolution de problématiques en lien avec l'acquisition d'une langue seconde.

(Auteur : WANG Jianqin 王建勤, Université des langues et cultures de Pékin)

Références : /

[1] CAI Shushan • 蔡曙山 (2020). On the status and role of language in human cognition, *Journal of Peking University : Philosophy and Social Science Edition*, Vol. 1, 138-149 • 论语言在人类认知中的地位和作用，《北京大学学报：哲学社会科学版》第1期, 138-149。[Sur le statut et le rôle du langage dans la cognition humaine, *Journal de l'Université de Pékin : Édition de Philosophie et de Sciences Sociales No.1*, 138-149].

[2] CHEN Lin • 陈霖 (2017). *Renzhi kexuede san da ji shi,* 《*Zhongguo kexue jijin*》 *di 3 qi, 209-210* • 认知科学的三大基石，《中国科学基金》第3期，209-210。[Les trois pierres angulaires des sciences cognitives, *Fondation pour la science de Chine N°1, 3,* 209-210.]

[3] CHEN Mo • 陈默 (2011). A simulation of the cognitive development of Chinese as a second language in vocal tones, *Journal of Tsinghua University : Natural Sciences Edition*, Vol. 9, 1201-1204 • 汉语作为第二语言的声调认知发展模拟，《清华大学学报：自然科学版》第9期，1201-1204. [Simulation du développement cognitif des tons du chinois langue seconde, *Journal de l'Université de Tsinghua : Édition des Sciences naturelles* Vol. 9, 1201-1204].

[4] HU Weijie, WANG Jianqin • 胡伟杰、王建勤 (2017). *Di er yuyan kouyu renzhi liulixing dui kouyu nenglide yuce zuoyong,* 《*Shijie hanyu jiaoxue*》 *di 1 qi, 105-115* • 第二语言口语认知流利性对口语能力的预测作用，《世界汉语教学》第1期，105-115. [Effet prédictif de la maîtrise cognitive de la langue seconde parlée sur la capacité orale, *Enseigner le chinois dans le monde* Vol.1, 105-115].

[5] LU Ji • 鲁骥 (2011) *Taiguo xuexizhe hanyu shengdiao fanchou xide guochengde moni yanjiu, Beijing yuyan daxue boshi xuewei lunwen* • 泰国学习者汉语声调范畴习得过程的模拟研究，北京语言大学博士学位论文。[Recherche par simulation sur les processus d'acquisition de catégories de tons chinois par les apprenants thaïlandais. Thèse de doctorat de l'Université des langues et cultures de Pékin].

[6] WANG Jianqin dir. • 王建勤主编 (2020) : 《*Ji yu renzhi shijiaode di er yuyan xide yanjiu*》, *Beijing, Shangwu yinshuguan* •《基于认知视角的第二语言习得研究》，北京：商务印书馆。[Recherche sur l'acquisition d'une langue seconde basée sur la perspective cognitiviste, Beijing, The Commercial Press.]

[7] WANG Jianqin • 王建勤 (2005). *Waiguo xuesheng hanzi gouxing yishi fazhan moniyanjiu : ji yu zizuzhi tezheng yangshe wangluode hanzi xide moxing,* 《*Yuyan wenzi yingyong*》 *di 4 qi* • 外国学生汉字构形意识发展模拟研究：基于自组织特征映射网络的汉字习得模型，《语言文字应用》第4期。[Recherche par simulation du développement de la conscience des structures des caractères chinois par les apprenants étrangers : un modèle d›acquisition des caractères basé sur un réseau auto-

organisé de cartographie des caractéristiques.]

[8] WEI Yanjun • 魏岩军 (2017). *Hanyu xuexizhe duo ci duanyude zukuaishi jiagong, Beijing yuyan daxue boshi xuewei lunwen* • 汉语学习者多词短语的组块式加工，北京语言大学博士学位论文。[*Le Traitement par blocs de groupes de mots chez les apprenants de chinois*. Thèse de doctorat de l'Université des langues et cultures de Pékin.]

[9] Li, P., Zhao, X., & MacWhinney, B. (2007). Dynamic self-organization and early lexical development in children. *Cognitive Science*, 31, 581-612.

[10] Poo, M. M., Du, J. L., Ip, N., Xiong, Z. Q., Xu, B., & Tan, T.. (2016). China brain project : Basic neuroscience, brain diseases, and brain-inspired computing. *Neuron*, 92 (3), 591-596.